**걸어간다,
우리가 멈추고
싶을 때까지**

걸어간다, 우리가 멈추고 싶을 때까지

초판 1쇄 발행 2021년 3월 3일

기획 | 하미나
지은이 | 하미나 김민정 박한희 복길 심미섭
          우지안 이은진 최현희 하예나
펴낸이 | 조미현

책임편집 | 박이랑
디자인 | 나침반 진다솜

펴낸곳 | 현암사
등록 | 1951년 12월 24일 (제10-126호)
주소 | 04029 서울시 마포구 동교로12안길 35
전화 | 02-365-5051 | 팩스 02-313-2729
전자우편 | editor@hyeonamsa.com
홈페이지 | www.hyeonamsa.com

ISBN 978-89-323-2121-9 03300

걸어간다,

**길이 없을 때
우리가 나아가는 방법**

우리가 멈추고
싶을 때까지

하미나
김민정
박한희
복길
심미섭
우지안
이은진
최현희
하예나
—
하미나 기획

완벽하지 않아도, 씩씩하지 않아도
천천히 걸어간다

페미당당에서 주최했던 세미나를 시작으로 이 책을 기획했다. 페미당당은 젊은 여성 페미니스트 활동가로 이루어진 그룹으로 2016년 4월 총선 때 결성됐다. 페미니즘 의제에 관심을 가지지 않는 기성 정당에 실망하여 "뽑을 당이 없다면 우리가 직접 창당하자"는 의지로 반쯤 농담처럼 모인 친구들 모임이었다. 활동이 무게감을 가지고 본격화된 것은 2016년 5월 강남역 10번 출구 살인사건 이후 일어난 시위에서 '거울행동' 퍼포먼스를 하면서부터다. 가해자는 7명의 남성을 그냥 보내고 최초로 들어온 여자를 죽였다. 정확히 여성을 표적한 사건이었으나 세상은 여성혐오 범죄라는 말 대신 묻지마 범죄라는 이름을 붙였다. 페미당당은 이 사건이 여성이라면 누구라도 당할 수 있었던 범죄임을 보이기 위해 근조 리본이 달린 영정 크기의 거울을 들고 강남역 10번 출구를 함께 걸었다.

당시 나는 제자에게 상습 성추행을 저지른 대학교수를 상대로 재판을 진행 중이었다. 개인적으로 이 과정을 거치며 세상을 살아가는 데에 여성임을 자각하고 의식하지 않아도 되었던 시기에서 이제는 반드시 자각하고 의식할 수밖에 없는 시기로 이동하게 됐다. 페미당당과는 그 과정에서 만났다. 정말 어쩌다 시작하게 되었는데 한번 들어가고 나니 몹시 열심히 활동하게 되었다. 내 안의 뭔가가 페미당당(나아가 다른 또래의 페미니스트)의 뭔가와 만났던 것 같다. 그 뭔가가 무엇이었기에 그토록 열정적이었는지는 아직도 미스터리이고 여전히 생각 중이지만, 아마도 더는 외롭지 않고 싶은 마음이었던 것 같다. 우리는 동지가 필요했다.

2019년 12월 페미당당을 나와 개인으로 활동하기 전까지 만 3년이 넘는 시간 동안 활동가로 지내며 다양한 일을 겪었다. 그 시기는 과거의 나와 작별하는 시간이었고, 또한 과거의 나와 가깝게 지냈으나 페미당당 활동가로서의 나는 받아들이지 못했던 주변인과 작별하는 시간이기도 했다.

　페미당당은 2016년 6월 12일 '버자이너 모놀로그 세미나'를 시작으로 2018년 6월 2일 '생리대와 월경하는 여성의 몸 세미나'까지 총 열아홉 번의 세미나를 주최했다. 의학, 섹슈얼리티, 성폭력, 낙태죄, 학교 등 세미나의 주제는 그때그때 상황에 맞추어 지금 당장 공부가 필요한 주제로 선정했다. 세미나의 주된 목표 중 하나는 우리 스스로 교육하는 데에 있었다. 물론 이 책에는 당시 세미나에서 다루지 않았던 주제도 포함되어 있다. 장애, 비거니즘, 환경, 문학 등 다루지 못한 주제가 있어 무척 아쉽지만, 아쉬운 마음을 아껴두었다가 다음번 책을 기획할 때 풀고자 한다.

　2018년 6월 마지막 세미나를 하고 난 뒤 우리가 진행해온 세미나의 역사를 꼭 기록하고 싶다고 생각했다. 스스로 기록하지 않으면 많은 것이 잊히기 마련인 게 여성의 역사이니까.

　'어쩌다 페미니스트가 되었는데, 혹은 페미니즘에 관심을 두게 되었는데 이 주제에 관해서는 어떻게 생각해야 하지? 어떤 관점을 가져야 하지?'가 세미나를 기획할 때의 마음이었다. 비슷한 질문을 품은 또 다른 사람에게 이 책이 도움이 되었으면 한다.

2018년 말 세미나에 참여해주셨던 연사 분들께 함께 책을 만들어보자고 연락을 드렸다. 어떤 것도 약속하지 못했는데도 저자 분들께서는 책의 취지에 공감하며 선뜻 원고를 쓰겠다고 응해주셨다. 다시 한번 감사의 말씀을 드리고 싶다. 2015년 '페미니즘 리부트' 이후 활발하게 활동해 온 이삼십 대 또래 페미니스트의 글을 모았다는 것이 이 책의 자부심이다. 우리보다 '어른'인 페미니스트에게 묻지 않고 스스로 묻고 답했다. 앞으로 각자의 분야에서 더 성장하고 빛날 분들과 함께해서 기쁘다. 이 책에서는 비록 함께하지 못했지만, 책의 기획과 진행을 도와주며 흔들릴 때마다 기꺼이 의지처가 되어주었던 현호정 작가에게도 감사하다. 분명 다음에 더 좋은 기회가 있을 거라고 생각하기에 많이 아쉬워하지는 않으려고 한다.

2018년 말 기획된 책이 2021년에야 나오게 되었으니 꽤 긴 시간이 흘렀다. 그동안 한국의 페미니스트 진영은 빠르게 바뀌었다. 저자 사이에도 다양한 입장 차가 있다.

처음 페미니즘 운동을 시작하던 때, 최초의 증언이 터져 나온 때, 서로가 서로의 용기가 되어주던 때는 어쩌면 많은 것이 감동스럽고 단순하게 느껴졌다. 요즘은 연대의 의미를 다시 생각한다. 때때로 연대는 실패한다. 우리라는 말이 짓는 경계는 안쪽의 사람들에게는 달콤함을, 바같의 사람들에게는 소외감을 주기도 한다.

내 자리가 아닌 곳에서 함께 우는 것이 연대라고 생각했다. 지금은 내 자리가 아닌 곳에서 느끼는 슬픔이 자기 자리에서 느끼는 슬픔과 도저히 같을 수 없음을 안다. 더 복잡한 연대와 사랑을 생각해본다. 같음만큼이나 다름이 반가워지는 연대. 차이가 동력이 되는 연대. 내 마음이 곧 너 마음 같아서가 아니라 도저히 이해할 수 없어서, 없으므로 하는 사랑.

싸워서 바꾸어 나갈 것을 생각하면 때로는 가슴이 터져버릴 만큼 설레고, 때로는 너무도 무섭다. 여전히 불특정 다수에 의해 판단당할 것이 두렵다. 내가 나이기 때문에 사랑받지 못할까 봐 두렵다. 그러나 두려움 때문에 내가 아닌 삶을 선택할 수는 없다. 도저히.

사람들은 목소리를 내는 사람들에게 용기가 있다고 말하지만, 내가 아는 가장 용기가 있는 사람들은 사실 누구보다 자주 울고 걱정이 많은 사람들이다. 큰 목소리들 앞에서 주저하고 망설이는 사람들을 생각하며 이 책을 기획했다. 천천히 가도 된다고, 늘 씩씩하지 않아도 된다고 말하고 싶다.

우리가 멈추고 싶을 때까지 걸어간다. 걸어가며 매번 새로운 곳에 도착할 때마다 과거를 다시 발견할 것이다.

그렇게 과거와 현재를 바꾸어가며 미래로 갈 것이다.

한번도 상상해본 적 없던 모습의 세상이 우리를 기다리고 있다.

2021년 2월, 하미나

차례

페미니즘 정치

여성이 비로소 사람이 되었을 때   15

가스라이팅

가장 약한 마음을 가장 강한 용기로 사랑하라   41
- 가스라이팅 그 이후

범죄

'괴물'앞에 선 여성들   71
- 사이코패스와 묻지마 범죄에 대해 물어야 할 것들

대중문화

페미니스트 분들 계시는 자리에 케이팝 틀어도 되나요   95
- 케이팝, 내가 사랑한 슬픔

트랜스젠더

당신의 성별을 증명하시오   125

낙태죄

나라님 맘대로 낳고 말고 해야 한답니까   147

과학

과학이 페미니즘을 만나 더 나은 과학이 되기를   171

학교

우리가 하는 일은 이전에는 없던 길을 만들어가는 것   203

디지털성폭력

우리의 일상은 당신들의 포르노가 아니다   223

여성이 비로소 사람이
되었을 때

심미섭

여성이 비로소 사람이 되었을 때,
이전의 사회적 언어로는
설명할 수 없는 새로운
사람이 되어 있을 것이다.

심미섭
작가, 학생, 활동가.
대학원에서 철학을 공부하는 중 난세에
휩쓸려 페미 전사가 되어 버렸다. 페미
니스트 정치세력화를 위한 모임 페미당
당에서 활동하고 있다.

나는 사람이 아니구나

놀이터가 아니라 피시방에 친구들이 모이는 경험을 한 첫 세대였던 나는 많이는 아니지만 때마다 유행하는 온라인 게임은 한번씩 다 해보았다. 그때 했던 게임 중에는 광활한 땅에 등장한 플레이어가 각자 캐릭터를 생성해 서로 싸우는 방식의 것들이 많았다. 여러 플레이어가 전투하는 것이 게임의 핵심처럼 보였지만, 사실 그 게임들은 시작하마자 싸움을 벌이는 것이 아니었다. 전투를 벌이기 위해서는 일단 게임 안에 개발자가 심어 놓은 기본 캐릭터군을 착취하며 힘을 키워야 했다. 즉, 멧돼지나 몬스터를 때려잡아 경험치를 올리거나 돈을 모은 이후에야 플레이어간의 싸움이 일어나는 것이다.

삶이 온라인 게임이라면 나는 그동안 당연히 내가 플레이어 중 한 명으로서 참여하고 있다고 생각했다. 그러나 내가 플레이어가 아니라 멧돼지나 몬스터 정도로 취급받고 있다는 사실을 깨달은 순간이 있었다.

그때 나는 홍대에서 놀다가 막차를 타고 집 근처에 내려 아파트 단지에 들어가는 길이었다. 새벽 세 시, 집 앞에 거의 다 왔는데 어떤 남자가 불쑥 말을 걸었다. "저기 저 홍대에서부터 여기까지 쫓아왔는데 맥주 한 잔 하시죠."홍대에서 버스 탄 시각이 두 시쯤이었으니 남자는 한 시간을 따라온 거였다. 너무 늦어서 집에 들어가 봐야 한다고 하면 그냥 돌아갈 줄 알았는데, 자기가 여기까지 따라왔으니 같이 맥주를 마셔줘야 한다며 계속 버텼다. "오래 걸려 왔는데 그러면 맥주 정도는 같이 해주실 줄 알았는데."남자는 자기한테 무슨 권리라도 있는 양 굴었다. "무슨 생각이신지는 모르겠지만 지금 너무 당황스럽고 무섭네요. 돌아가 주세요."마침 저쪽에서 택시가 오길래 손짓했는데 남자가 말했다. "여기까지 오는데 깜깜한 길도 많고. 솔직히 나쁜 생각도 계속 했거든요. 몸매가 좋으셔가지고."결국 나는 도망가듯 다른 곳으로 뛰어갔고 남자는 계속 쫓아왔다. 자신이 얼마나 멀리 사는데 여기까지 왔는지, 그것이 얼마나 대단한 결심이었는지를 어필하려 했다. 나는 그것이 내가 당신과 맥주를 마셔주어야 하는 이유가 되지 않음을 설명하기를 포기하고 경찰을 불렀다.

이 이야기를 꺼낸 것은 두려움을 말하기 위해서가 아니다. 지금 이 사건을 돌이켜보면 기억에 남는 것은 당시의 두려움이 아니라 그 남자의 태도다. 자신이 이만큼 했으니 나는 마땅히 그 노력에 응해주어야 한다는 당당한 태도. 그는 내가 제 노력에 따르는 보상물이 아니라는 데에 진심으로 당황한 눈치였다. 그 일을 겪기 전까지 나는 그저 내가 약한 사람이기 때문에 밤길을 조심해야 한다고 생각하고 있었다. 그런데 그 일을 겪고 나니 상대가 강하고 내가 약하다는 점이 핵심이 아니라는 생각이 들었다. 상대는 나를 한 명의 인간으로 생각하고 있지 않았기 때문에 그런 행동을 한 것이다. 그건 동등한 위치에서 소통이 가능한 플레이어 사이에서는 일어나지 않을 일이었다. 그들에게 나는 밤거리라는 필드를 떠도는 사냥감에 불과했던 것이다. 몇 번 건드리면 당연히 얻어져야 하는데, 거절을 해? 게임에 버그가 나!

만일 내가 주짓수를 배우거나 내 차를 타고 다닌다면 문제가 해결될까? 그렇지 않을 것이다. 내가 아무리 강해지더라도 사람이 아닌 이상 여전히 위험에 노출되어 있을 것이기 때문이다. 핵심은 내가 강하고 약하고의 문제가 아니다. 핵심은 내가 여성이고, 여성은 때때로 사람이 아니라 꽃, 토지, 트로피, 즉 정복하고 얻어내야 할 대상으로 여겨진다는 데에 있다. 그렇기에 나를 쫓아와 술을 한잔하기를 요구했던 남자는 내가 거절하자 도무지 이해할 수 없다는 표정을 지은 것이다. 자신이 얼마나 공을 들였는지를 생각한다면 나는 그에게 당연히 얻을 수 있는 대상이었다.

온라인 게임에서 상대 플레이어는 결투의 대상이지만, 들판에 널린 멧돼지는 정복의 대상이다. 몽둥이로 때리면 몇 번 저항하다 금방 죽어 금화로 변한다. 플레이어는 금화를 모아 다른 플레이어와 싸우기 위한 무기를 구한다. 다른 사람과 게임을 하다보면 이기기도 하지만 때로는 지기도 하며, 졌을 경우 '리스펙트'를 표현하며 물러날 수 있다. 그런데 플레이어가 아니라 프로그래밍된 그대로 행동할 뿐인 멧돼지는 다르다. 멧돼지가 만일 플레이어보다 강할 경우 플레이어는 멧돼지를 경외할까? 전혀 아니다. 그 멧돼지가 '끝판왕' 정도는 될 수 있겠지만 역시 때려눕혀야 하는 대상일 뿐이다. 어쨌든 멧돼지는 사람이 아니기 때문이다. 그러니까 멧돼지를 얕잡아보는 이유는 단순히 그가 약해서가 아니다. 그가 사람이 아니기 때문이다.

'페미니즘은 여성도 인간이라고 주장하는 과격한 개념'이라는 유명한 말이 있다. 이 문장이 페미니즘의 모든 면을 설명하지는 못하겠지만, 우리에게 여러 통찰을 준다. 그중 하나는 이 사회에서 여성이 아직 사람이 아니라고 주장한다는 점을 인정하는 순간 우리는 페미니스트가 된다는 것이다. 여성혐오? 차별? 그건 우리 할머니 때나 그랬다는 주장, 이제는 여성 상위 시대라는 목소리에 맞서서 아니라고, 아직 턱없이 부족하다고 생각하게 되는 그 순간 바로 페미니스트로서의 자각이 시작된다.

페미니즘 정치란 무엇일까

그렇다면 페미니즘 정치란 무엇일까? 이 질문에 대해서 고민한 것도 5년이 다 되었다. 친구들과 페미당당이라는 단체를 결성하고 페미니스트 활동가로서 일하기 시작한 지 5년이 되었기 때문이다.

페미당당은 '당당한 페미니스트'와 '페미니스트 정당'의 두 가지 의미를 동시에 담은 페미니스트 활동 단체이다. 2016년에 이십대 여성으로 한국에서 살아가던 친구들이 모여 페미니스트 정치세력화를 꿈꾸며 결성했다. 그후 강남역 여성혐오 살인사건부터 박근혜 퇴진 정국과 낙태죄 폐지 투쟁 등을 거쳤다. 그동안 광장에서 시위를 조직하는 것은 물론 퍼포먼스나 파티 등도 기획해왔다. 어떤 활동을 하든 우리가 페미당당이라는 이름을 달고 하는 모든 활동은 정치적인 행위였음을 잊은 적 없지만, 무엇이 정치인지, 특히 페미니즘 정치란 무엇인지에 대한 판단은 점점 흐릿해졌다. 그것이 무엇인지에 대해 생각하기를 포기한 적은 한번도 없었지만, 생각을 거듭할수록 '페미니즘 정치'가 무엇인지에 대한 명확한 답은 더 멀어졌다.

페미당당이라는 이름으로 활동하면서 질문도 많이 받았다. "페미니스트로서 어떤 정치적 실천을 할 수 있다고 생각하느냐"부터 "창당은 언제 할 거냐"는 질문까지 사람들은 우리에게 페미니즘 정치에 대해 물어왔다. 페미당당 내부에서도 페미당당의 활동 방향에 대한 의견이 갈렸다. 그동안 우리 사이에서는 페미니스트 정당이라는 이름처럼 정당을 만들어 의회정치 안으로 편입되기 위해 노력해야 한다는 입장, 여성혐오를 지적하고 개선을 촉구하기 위한 문화 활동에 더 힘을 써야 한다는 입장, 학술적인 활동을 더 많이 해야 한다는 입장 등 다양한 의견이 등장했다.

내 경우엔 페미니즘이라는 흐름이 의회정치에 반영되었으면 좋겠다는 막연한 생각이 있었다. 사회 문제에 관심을 가지고 뉴스를 챙겨보면서 정치가 내 삶에 직접적으로 영향을 주고 있다는 점을 체감했고, 어떻게든 이 정치에 참여하고 싶었다. 이때 내가 생각한 '정치'란 뉴스에 나오는 일, 국회나 행정부에서 벌어지는 일 정도로 한정되어 있었다. 한편 페미당당에는 정당 정치에 크게 관심 없는 친구들도 함께하고 있다. 그 친구들 중에는 정당에 가입한 적 없거나 시위에 나가보지 않았던 친구도 있다. 실제로 우리는 그동안 정당이 되기 위한 노력을 하기보다는 지금 여기에서 페미니스트로서 할 수 있는 싸움에 함께하는 페미니스트 단체로 활동해왔다. 그렇다면 지금까지 해온 페미당당 활동은 정치가 아닌가? 조금 불완전한 정치인가?

대학교를 다니던 시절 성소수자 동아리에서 활동했던 친구가 해준 얘기가 있다. 친구네 동아리원들은 어떤 유명한 강성 운동권을 마주쳐도 기죽지 않는 사람들이었다고 한다. 그런데 그렇게 무서울 것 없는 동아리원들도 피하고 싶은 존재가 바로 여성주의 동아리원이었다. 그 여성주의 동아리방 문이 살짝 열리면 자욱한 담배연기가 흘러나왔고, 이들에게 잘못 걸렸다간 큰일이기 때문에 다들 슬슬 피해 다녔다고 한다. 여성주의 동아리원은 운동권 사이에서도 '포스'가 남달랐던 건 그들은 매일매일이 투쟁인 사람들이기 때문이라고 친구는 추측했다. 다른 운동권들은 기업이나 정부 등 시민사회가 모두 알고 있는 거악에 맞서지만, 여성주의 동아리의 페미니스트들은 친구와, 애인과, 부모와, 교수와 일상적으로 싸우는 이들이라 항상 투쟁의 자세를 갖추고 살았을 것이다.

결국 페미니즘 정치의 특별함은 바로 이 일상에서의 투쟁에 있다고 생각한다. 아끼는 것들 안에, 사랑하는 사람 속에 여성혐오는 존재한다. 차별과 혐오는 시대에 만연해 있고, 누구든 그 영향을 피할 수는 없다. 나도 그럴 것이다. 어디든 내재되어 있는 일상 속 폭력을 직시하고 투쟁하는 일은 힘들다. 어느 선에서 포기하고 타협하는 선택도 괴롭기는 마찬가지다. 페미니스트들은 어쨌든 이렇게 계속 살아간다. 뒤돌아갈 길이 없고, 역사가 우리를 따라올 것을 확신하기 때문이다. 그렇다면 굳이 뉴스에 안 나오더라도, 국회가 아니더라도 이런 싸움을 어디서든 지속하는 일을 페미니즘 정치라고 이름 붙일 수 있지 않을까?

우리가 원하는 건 그저 시민 되기

시민운동 중에서 가장 치열한 정치의 장이 광장에서 열린다고 했을 때, 페미당당은 그야말로 정치의 한가운데에 선 경험이 있다. 2017년 박근혜 정권 퇴진운동 당시 운영했던 '페미존'을 통해서이다. 페미존을 꾸리기 전 개인적으로 광장에 나가 시위에 참여했을 때 나와 페미당당 친구들은 크게 충격을 받았다. 시민의 한 사람으로서 광장에 나간다고 생각했는데, 그곳에 여성을 위한 자리는 없었기 때문이다. 광장에서 만난 남성은 우리를 무시하거나, 희롱하거나, 그도 아니면 '어떻게 여기까지 나올 생각을 했냐'며 기특해했다. 어떤 경우든 이 광장은 젊은 여성을 위한 자리가 아니라는 그들의 생각을 잘 알 수 있었다.

게다가 광장에서 사람들은 온갖 여성혐오 발언을 내뱉었다. 박근혜와 최순실을 욕하기 위해 '병신년', '저잣거리 아줌마' 등의 표현이 동원되었고, "앞으로 100년 내 여성 대통령은 꿈도 꾸지 말라"는 정치인의 발언도 나왔다. 왜 박근혜의 이름 뒤에 어떤 여성 호칭을 붙이든 그것은 바로 멸칭이 되는가? '박 여사', '박근혜 아줌마' 등 사람들은 박근혜가 여성임을 강조해 부르며 그를 욕하고 있었다. 함께 '박근혜는 퇴진하라'를 외치다 그 다음에 따라오는 '병신년은 가라'는 문장을 들을 때마다 우리는 예기치 못한 모멸감을 느꼈다.

광장의 사람들은 '여성의 것'라는 통념이 담긴 취미를 박근혜가 즐긴다는 점을 지적하며 놀리기도 했다. 그들에게 박근혜는 부패한 대통령일 뿐 아니라 백옥주사를 맞는, 드라마를 좋아하는, 먹을 것과 입을 것에 사치하는 꼴 보기 싫은 '아줌마'였다. 우리는 대통령 박근혜를 탄

핵해야 한다고 그 광장에 있는 모든 사람들과 마찬가지로 생각했지만, 그가 여성이기 때문에 더 조롱당하는 것은 두고 볼 수 없었다. 전자는 박근혜 본인을 향한 공격이지만 후자는 여성 시민 모두에 대한 혐오발언이었다.

그렇기에 우리는 광장 내부에 혐오발언과 혐오문구가 없는 페미존을 만들었다. 광장 내에서 벌어지는 성추행 문제도 심각했기 때문에 '페미자경단'을 구성해 여성 시민에게 가해지는 성범죄를 막기 위해 노력하기도 했다. 광장이 모두에게 동등하며 안전한 장소였다면 페미존을 만들 생각을 못했겠지만, 실상은 그렇지 않았다.

그런데 당황스러웠던 점은 사람들이 페미존을 국민 전체의 뜻보다는 여성 인권을 우선하는 '과격 집단'으로 여긴 것이었다. "왜 대통령을 탄핵하려는 광장에서 여성의 이익만을 이야기하느냐"는 질문을 처음 들었을 때는 무슨 말인지 이해가 잘 되지 않았다. 우리는 여성의 이익이 다른 무엇보다 앞서야 한다고 주장한 것이 아니었다. 약자가 평등을 요구하는 것은 이익을 찾는 행위가 아니다. 기본권을 얻기 위한 투쟁을 이익 추구로 본다면 큰 오해가 생긴다. 우리는 단지 시민의 한 사람으로서 안전하게 이 공간에 존재하기를 요구한 것이었다. '만지지 말라', '혐오하지 말라', 결국 '우리를 배제하지 말라'를 외치는 모임이 어떻게 극단적일 수 있단 말인가.

　페미니스트로 활동하며 당황스러운 순간은 주로 이와 같은 경우였다. 우리는 단지 '여성도 사람이다'를 외치고 있는데, 극단적인 의견을 제시하는 것처럼 취급받는 것. 권리는 그것을 누리는 사람 눈에는 보이지 않고, 평등을 위한 시도는 기득권의 '인권'을 깎아먹는 일처럼 이해되곤 한다.

　라디오 프로그램 〈여성시대〉의 진행자인 양희은은 프로그램 진행 20주년을 기념하는 인터뷰에서 이런 말을 했다. "프로그램의 이름에 '여성'이 있다는 것이 바로 사회에서 여성이 약자라는 것을 뜻한다. 결국에는 여성시대도, 남성시대도 없는 세상이 와서 '사람시대'라고 할 수 있게 된다면 좋겠다." 내가 생각하는 바도 이와 같다. 어떤 소수자성을 가진 사람도 똑같은 권리를 가진 사람으로 살아갈 수 있게 사회 전체에서 힘을 모으는 것, 이를 위해 때때로 지금까지 불의한 구조에 의해 더 가졌던 자신의 몫을 내려놓는 것. 이것이 페미니즘 정치가 만들어 갈 세상이라고 생각한다.

작은 목소리를 듣기 위해 노력하기

낙태죄가 폐지되기 직전 해, 여성가족부에서 앞으로 중요하게 추진해야 할 여성 관련 정책이 무엇인지 논의하기 위해 20대 페미니스트를 모은 자리에 초청받은 적이 있었다. 행정부에서 우리 얘기를 직접 들으려고 한다는 데에 고무되었던 나는 그동안 중요하게 생각하던 의제인 낙태죄 폐지에 대해 얘기하려고 했다. 호주제 폐지 때와 마찬가지로 행정부에서 적극적으로 나선다면 낙태죄 폐지뿐 아니라 그 이후 여성 건강권을 보장하는 법률을 새로 제정하는 데에도 좋은 영향을 줄 수 있을 것 같았기에 기대가 컸다.

그러나 그날 다른 동시대 페미니스트들과 만났던 그 모임의 분위기는 내 생각과는 조금 달랐다. 여성은 임신하든 그렇지 않든 위험에 처해 있기 때문이었을까? 그들은 하룻밤이라도 안전한 집에서 잠들 수 있기를 호소하거나 일자리를 찾고 사회 초년생으로 직장 생활을 하는 과정에서 겪는 어려움에 대해서 말했다. 나는 "우리 세대 페미니스트의 당면 과제는 낙태죄 폐지죠."라며 사뭇 진지하게 말했는데, 다른 페미니스트들은 딱히 공감하고 있는 것 같지 않았다. 그 자리에서 유일하게 낙태죄 폐지를 외쳤던 나는 이내 부끄러워졌다. 당장의 삶과 동떨어진 얘기를 하고 있는 것 같았기 때문이다.

물론 안전한 임신 중단을 원하는 사람이 그 누구보다 간절한 상황에 처해 있는 경우가 많다. 페미당당 메일과 메씨지함에 그 간절함이 하루에도 몇 개씩 쌓이기 때문에 잘 알고 있었다. 하지만 매일 핸드폰에 112를 찍어놓은 채로 집에 들어가는 여성, 창문이 활짝 열리지 않도록 보안장치를 다는 여성, 입사 면접에서 남자친구는 있냐고 질문 받는 여성은 간절하지 않은가? 그 모임 이후 나는 기숙사에 사는 대학원생이기 때문에 그런 걱정이 없어 낙태죄 폐지라는 거대한 정치적 의제를 우선적으로 외칠 수 있는 것은 아닌가 하는 생각마저 들었다.

낙태죄 폐지는 우리 세대 활동가들이 힘을 모아 이루어내려고 했던 정치적 투쟁이고, 우리 세대 페미니스트들이 남긴 의미있는 업적이 될 것이었다. 하지만 이미 있는 법을 폐지하라는 주장은 중요한 정치적 의제로 만들어내기 쉬운 측면도 있다고 생각한다. 투쟁의 프레임을 짜기가 명확한 편이기도 하고, 그 과정과 결과를 가시적으로 드러내기도 비교적 용이하기 때문이다.

페미니즘이 정말로 일상에서의 혁명이라면, 어떤 사람에게는 낙태죄 폐지보다는 내가 오늘 밤에 집에 안전하게 들어갈 권리가 더 중요한 당면 과제가 아닐까? '당면 과제'라는 말에서 알 수 있듯이, 현실 정치에서는 때때로 여러 가지 문제 중 어떤 것이 가장 시급한 과제인지를 결정해야 하는 경우가 생긴다. 한정된 시간, 인력, 자본을 배분할 수밖에 없다는 이유로 어떤 문제를 더 먼저 해결해야 하는지 순서를 매기기도 한다. 이를 위해서 다수의 이익을 위해 소수에 대한 배려를 포기하기도 하고, 반대로 소수를 위한 복지를 실현하기 위해 사회 전체의 불편함을 감수하기도 한다.

하지만 페미니스트는 모든 작은 목소리를 듣기 위해 노력하겠다고 약속하는 사람이다. 동시대 여성의 문제 중 어떤 것은 임의로 무시하거나 후순위로 미루어 놓는 선택은 정치인이라면 할 수 있지만, 페미니스트로서 떳떳하게 할 수 있는 일은 아니라고 생각한다. 그렇다면 페미니즘 정치는 어떤 모습이어야 할까? 만일 페미니스트 정치인이 '우리 세대 여성에게 가장 중요한 문제가 무엇이냐'는 질문을 듣는다면 그는 선뜻 대답할 수 있을까? 대답해도 괜찮을까?

페미니스트가 대통령이 된다면
페미니스트 정치일까

2018년 여성가족부에서 운영하는 청년 정책 프로그램에 참여하면서, 많게는 일주일에 두세 차례 정부중앙청사를 방문해 여성가족부 공무원들과 함께 일한 적이 있다. 한번은 여성가족부의 꽤 '높은' 자리에 있는 공무원이 나에게 지나가듯 말했다. "저기 광장에서 백 날 소리쳐봐야 우리한테는 안 들려요. 여기 테이블로 가지고 와야지 뭐가 바뀌든 하지."

낙태죄 폐지 운동에 대한 의지를 표명했을 때 일어난 일이었다. 광장에서 무슨 말을 소리쳐 외치는 것보다 시위가 끝나고 그 내용을 담은 입장서를 제출해야 비로소 무슨 주장을 하고 있는지를 여기서 알 수 있다는 이야기였다. 자존심이 상했지만 한편으로 또 다른 길이 열린 기분이었다. '그래? 그렇다면 행정부 테이블에 엄청나게 많은 이야기를 가져와보겠다'라고 결심했다. 어쨌든 단순히 외치고 마는 일보다는 그 의견을 정리해 정부에 전달까지 하는 것이 더 낫겠다고 생각했으므로.

그러나 막상 겪어보니 청년 페미니스트의 목소리가 행정부 권력구조를 뚫고 들어갈 수 있을 것이라는 희망은 순진했던 것으로 밝혀졌다. 페미니스트 시민들과 함께 일하는 공무원은 우리의 말을 들을 준비도 되어 있고, 매번 충분히 공감도 표시하는 분이었다. 그런데 그 분과 함께 의견을 정리해 공문으로 제출하고 나면 그 목소리는 어디 있었냐는 듯이 깡그리 사라지고 말았다. 바라던 피드백은 당연히 오지 않았고, 오히려 전혀 상관없는 지시사항만이 '위에서' 내려오곤 했다. 그 지시사항이라는 것은 여성가족부에서 추진하는 청년 참여 플랫폼의 설명회 행사에 참여하는 시민의 성비를 반반으로 맞추라는 것 따위였다. 어떤 제안을 해도 '위로' 갔다 하면 무산되기 일쑤여서, 답답해진 나는 "아니 그 '위'가 대체 누구인가요? 장관인가요? 대통령인가요? 직접 만나서 얘기라도 해보면 안 될까요?"하고 몇 번이나 물어보았다.

행정부에서 일할 때 인상적이었던 점은 그곳의 사람들이 대통령을 굉장히 의식한다는 것이었다. 공무원들은 대통령을 VIP 혹은 V라고 불렀다. 내가 보기에는 똑같이 중요한 여성 인권 관련 정책이라도 어떤 정책은 빠르게 잘 추진되고, 어떤 정책은 완전히 묻혀 버리는 경우가 많았다. 왜 그런 차이가 나는지 궁금했는데, V가 한 번 언급한 이슈에 관련된 정책은 행정부 전체에서 부지런히 추진하게 된다고 했다. 아무리 국민 손으로 뽑은 대통령이라고 해도 권한과 영향력이 너무 큰 것 아닌가 하는 생각을 자연스레 하게 됐다.

그렇다면 우리가 그 '위'로 간다면 어떨까? 여성이, 페미니스트가 대통령이 된다면 그는 페미니즘 정치를 할 수 있을까? 지금과 같은 권력 구조 안에서는 과연 그럴 수 있을지 의문이 들었다. 특정인이 다른 사람을 제치고 '위로' 간다는 구조 자체에서, 그 사람이 '밑으로' 명령을 내리거나 영향력을 행사하는 행위에서 배제와 폭력이 있을 수밖에 없을 것이다.

페미당당은 결성 당시부터 지금까지 대표를 정한 적이 없다. 하지만 더 많이 말하는 사람, 더 외부에 자주 비추어지는 사람은 있기 마련이다. 나도 외부에 강연을 하러 가면 때때로 '페미당당 대표'라고 불린다. 그럴 때마다 "저는 대표가 아니고요, 저희 단체에는 대표가 없습니다."라고 정정한다. 그럼에도 불구하고 사람들은 더 자주 보이고 더 많이 말하는 듯한 사람에게 대표성을 주고 싶어 한다.

내부에서도 비슷한 문제가 있다. 페미당당에는 전업 활동가가 없기 때문에 시위나 행사를 준비할 때 그때그때 시간이 되는 사람이 나서서 일하곤 했다. 그런데 일을 도맡아 할수록 더 결정권을 많이 가지게 되고, 시간이 부족해 일을 많이 하지 못하는 사람은 점점 더 말을 아끼게 된다. 그렇게 되면 결국 발언권이나 결정 과정에서 권력의 차등이 생기게 된다. 대화를 통해 이를 해결하려고 노력했지만 항상 부족하고, 더 나은 해결 방법이 필요하다고 느꼈다.

그러다 최근 〈세상을 바꾸는 여성들〉이라는 영화를 보았다. 미국 국회의원 선거에 출마한 풀뿌리 여성의원 후보들의 이야기를 다룬 다큐멘터리다. 이 영화에 등장한 여성 후보들은 모두 자신이 평범한 사람을 대표해 출마했다고 주장했다. 이제는 여성, 빈자, 유색인종이 직접 정치를 해서 부패한 기존 정치세력을 무찔러야 한다는 것이 이들의 공통적인 주장이었다. 하지만 그 '대표'라는 개념이 페미니즘과 과연 얼만큼 맞닿아 있을까? 다큐멘터리에 등장한 후보 중 유일하게 당선되었으며, 가장 많은 분량을 차지하는 사람은 현재 민주당 소속의 뉴욕 하원의원인 알렉산드리아 오카시오코르테즈이다. 자신의 당선 소식을 텔레비전으로 접한 코르테즈는 외친다. "저기 내 얼굴이 있어요!" 지지자들은 기뻐하며 그의 이름을 연호한다.

내가 코르테즈의 자리에 선다고 생각해보았다. 내가 나

의 친구들을 '대표하여' 공직 선거에 나간다면 나는 내 이름을 그들 대신 당당하게 내걸 수 있을까? 자신감을 걱정하는 것이 아니다. 대의제 정치는 가장 완벽한 민주주의의 실현 방법이 아니며, 현재 선택된 정치 체제일 뿐이다. 이 체제 하에서는 분명히 선출직 의원이 된 소수의 사람이 다수보다 더 많은 권력과 발언권을 가지게 된다. 페미니스트가 그 체제 안으로 들어가 힘을 키웠다고 생각해보자. 그 힘으로 아무리 많은 여성을 돕게 된다고 하더라도, 이것이 페미니스트로서 꼭 해야 할 일인지에 대해 회의하지 않을 자신이 나에게는 없다.

대의제 정치에는 사람을 설득하고, 모으고, 내 편을 많이 만드는 과정이 필수적이다. 의원으로 당선되거나 정당을 창당하기 위해서는 개성을 가진 사람 하나하나를 지지자 혹은 당원이라는 이름으로 어느 정도 균일화하는 과정이 필요하다. 페미당당은 그동안 온라인으로 캠페인을 하고 시위 참여자를 모으면서 느슨한 연대를 유지해왔다. 시위에 나온 참여자에게는 같은 구호를 외칠 것을 독려하지만, 그들의 연락처를 받아 다음에 또 초대한다거나 함께 일할 것을 권하는 '조직화'는 하지 않았다. 조직화를 위한 인력이 부족해서 그런 것도 있지만, 다른 사람에게 어떠한 선택을 할 것을 권하면서 혹시 무례나 폭력을 저지르지는 않을까 하는 고민이 있었기 때문이다. 다른 페미니즘 시위 중에는 스태프나 시위 참가자 사이의 사교를 금지하는 친목 금지 조항을 정해 놓은 곳도 있다. 서로 친목을 다진 일부는 쉽게 권력 집단이 된다는 점을 경계해서일 것이다. 이처럼 많은 젊은 페미니스트들은 정치의 필수 요건 중 하나로 여겨지는 조직화를 거부한다. 자신의 목소리가 다른 사람의 권력이 되는 것에 대한 반감이 있기 때문이라고 생각한다.

그렇기에 지금 당장 여성이 정부의 '위'를 차지하고, 페미니스트 국회의원이 늘어난다고 해서 페미니즘 정치가 실현될 것이라고는 말하기 힘들다. 작은 목소리를 '어쩔 수 없이' 무시하면서, 최대한 많은 사람의 의견을 '균일하게 모아서' 얻은 동력으로 지금의 대의 민주주의 체제가 굴러가고 있기 때문이다.

우리는 서로 다르기 때문에 연대해야 한다

페미니즘 정치란 기존의 차별적 권력구조에 대해 의심하고 질문하는 것, 단순히 힘을 쟁취하기 위해 노력하는 것이 아니라 그 힘을 부여하는 구조를 부수는 것이다. 따라서 페미니즘 정치의 실현은 주변부에 머무는 것도, 중심에 자리 잡기 위해 위로 오르는 것도 아니다. 페미니스트는 권력구조에 침투해 그 구조를 무너뜨리는 역할을 해야 한다. 이렇게 어려운 일을 누가 어떻게 할 수 있을까.

영화 〈페미니스트 창당 도전기〉는 2005년 스웨덴에서 세계 최초의 페미니스트 정당을 만드는 과정을 담은 다큐멘터리다. 이 영화에서 인상적이었던 점은 정당을 만들기 위해 모인 사람들이 도무지 대책이 없다는 것이다. 자본이 부족하니 제대로 된 사무실도 하나 없다는 점은 그냥 넘어가더라도, 정당으로서 이루고자 하는 정책의 중심이 되는 정강도 하나도 만들어놓지 않은 상태에서 당원을 모으는 장면에서는 당황할 수밖에 없었다. 그 영화 속 활동가들은 '페미니스트 정당을 만듭시다'라고 알린 다음 일단 뜻을 함께할 사람들을 큰 강당에 모았다. 그리고 자유로운 분위기에서 모임의 기초가 되는 약속과 규칙부터 하나하나 논의하며 정당의 분위기와 방향성을 함께 정한다.

대책이 없고 중심도 미처 잡혀있지 않은 불안한 방식이지만 페미니즘 정치는 이렇게 시작해야 하고, 이렇게밖에 시작할 수 없다고 나는 생각한다. 우리는 모두 서로 다른 특징과 욕망과 비밀을 가진 존재이고, 그럼에도 불구하고 평등한 한 명의 인간으로서 존재해야 한다. 이를 실현하기 위해서는 시간이 오래 걸리고 번거롭더라도 최대한 많은 사람이 목소리를 내야 한다. 한 명의 영웅이 등장하여 여성들을 끌어주기를 기대해서는 안 된다. 아무리 그 대표자에게서 나와 같은 면을 읽고 동질감을 느꼈더라도 결국은 그와 나 사이 다른 점은 있을 수밖에 없고 완벽히 같은 목소리를 낼 수 없다.

결국 우리는 영웅에게 실망하고 돌아서게 되거나, 혹은 실망하지 않기 위하여 '나는 그와 동일하다'고 스스로를 설득하고 타협하게 된다. 차이의 발견이 둘 중 어떤 결과로 이어지든 이는 결국 페미니스트 정치로서는 실패라고 볼 수밖에 없다. 그러므로 우리는 같기 때문에 연대하는 것이 아니라 다르기 때문에 연대하는 방법을 찾아내야 한다. 그래야만 차이에도 불구하고 힘을 합칠 수 있고, 그래야만 기존의 문법을 거부하고 권력구조에 균열을 낼 수 있다.

그렇게 페미니즘 정치를 실현할 수 있다면, 그 목표는 서로 다른 사람들이 모두 '사람 되기'가 될 것이다. 사람 되기, 이는 어떤 사람들이 보기에는 지나치게 작고 소심한 목표일 수도 있다. 하지만 여성이 비로소 사람이 되었을 때, 그 사람은 우리가 지금까지 겪어온 사람이 아닐

것이다. 우리는 이전의 사회적 언어로는 설명할 수 없는
새로운 사람이 되어 있을 것이다.

가장 약한 마음을
가장 강한 용기로 사랑하라

- 가스라이팅 그 이후

우지안

그래서 나는, 그럼에도 불구하고,
가장 약한 마음을
가장 강한 용기로 사랑한다.

우지안
프리랜서 예술 노동자.
연극, 영상, 만화 등 이야기를 만들고 몸
을 움직이는 데 관심이 있다. 여성주의
활동가이기도 하다.

"세경 씨, 정말 무서운 사람이다"

보석   세경 씨, 왜 나 무시해?

세경   네? 무슨…

보석   세경 씨가 나 무시한 적 없다고? 그래서 내가
      비디오를 설치했는데, 아침에 나한테 신문 갖
      다주는 그 짧은 시간 동안 몇 번을 무시했는지
      알아? 무려 여섯 번 무시했더라.

세경   여섯 번이요? 설마…

2010년, MBC에서 방송되었던 시트콤 〈지붕뚫고 하이킥〉에서 무능한 데릴사위 정보석은 20세의 입주 가사노동자 '세경 씨'에게 다음과 같이 윽박지른다. 정보석은 세경 씨가 하루에도 5~60번은 자신을 무시한다고 주장하고, 나아가 이를 증거로 남기기 위해 몰래 촬영까지 감행한다. 정보석이 주장한 세경 씨의 죄목은 다음과 같다.

1.   자신보다 아랫사람에게 먼저 아침인사를 건넸다.
2.   신발장에 놓인 자신의 신발을 밟았다.
3.   인사하면서 트림을 했다.
4.   신문을 한 손으로 줬다.

5. 말을 자르고 대답을 했다.
6. 자신이 요청한 커피를 얼른 타오지 않았다.

여기에 청소기를 돌려 휴식을 방해했다거나 계산 실수를 지적했다는 등의 자잘한 죄목이 추가된다. 그는 세경 씨가 식모라는 본분을 잊고 자신을 무시하는 것이 분하다. "세경 씨, 왜 이렇게 주제넘어? 자기 이 집에서 하는 일이 뭐지? 걸레질이잖아. 그럼 걸레질이나 잘 하라고!" 세경 씨는 무시하려는 의도가 아니었다고 몇 번이고 항변하지만 오히려 그의 화를 돋구기만 한다. 결국 세경 씨는 포기한다. "아저씨 무시해서 죄송해요. 다신 안 그러겠습니다."

뜬금없이 10여년 전의 시트콤을 불러온 이유는 아무래도 이 에피소드가 한국 대중매체에서 가스라이팅을 다룬 가장 유명한 장면인 것 같기 때문이다. "세경 씨 그렇게 안 봤는데 정말 무서운 사람이다."라는 대사가 한동안 유행하기도 했으니까. 반면 가스라이팅이라는 말은 아직까지도 많은 이들에게 생소할 수도 있겠다. 그러나 지금 이 글을 읽고 있는 사람 모두 한번이라도 가스라이팅을 해봤거나, 당해보았을 것이다. 무슨 말이냐고?

사랑이라는 이름의 폭력

심리학자 로빈 스턴Robin Stern에 따르면 가스라이팅은 상대방의 심리나 상황을 교묘히 조작하여 피해자가 자신의 현실감과 판단력을 의심하게 만드는 행위이다. 가해자들은 자신이 항상 옳다고 여기며 자존심을 세우고 힘을 과시하여 피해자를 정서적으로 조종하려 한다.[1] 이 '가스라이팅'이라는 단어는 1938년의 연극 〈가스등Gaslight〉을 원작으로 1944년에 만들어진 동명의 영화 제목에서 따온 말이다.

영화의 줄거리를 살펴보자. 가수인 주인공 폴라는 이모가 살해당한 후 막대한 유산을 상속받는다. 매력적이지만 권위적인 남편 그레고리는 이 유산을 가로채기 위해 폴라를 미치게 만들 계획을 세운다. 유명한 가수였던 이모의 재능이 아닌 외모만 물려받았다는 평가에 정서적으로 취약해져 있던 폴라는 운명처럼 나타난 그레고리에게 의지하게 된다. 그의 완강한 권유에 폴라는 이모가 남긴 런던의 저택으로 이사하고, 자꾸만 집안의 물건이 옮겨지는 현상을 발견한다. 그러나 그레고리는 모든 것이 착각이라

---

1   로빈 스턴, 〈그것은 사랑이 아니다〉, 신준영 역, 알에이치코리아, 2018, p.31

며 폴라를 세뇌한다.

> 그레고리   당신은 잘 잃어버리잖아.
>
> 폴라   제가요. 몰랐는데요.
>
> 그레고리   건망증에 의심까지 생겨?
>
> 폴라   그럴 리가요!
>
> 그레고리   정말로 그렇게 생각해? 정말로?
>
> 폴라   모르겠어요.
>
>
> 그레고리   당신이 아프거나 환각을 보면 슬퍼.
>
> 폴라   ....[2]

　폴라는 급기야 자신이 약하고 병들었다고 스스로를 의심하게 된다. 이 의심을 증폭시키는 것은 '가스등'이다. 폴라는 그레고리가 외출할 때마다 집안의 가스등이 어두워졌다 밝아지며 깜빡거리는 것을 보지만 아무도 이를 믿어주지 않는다. 깜빡이는 가스등을 나만 볼 수 있다면? 나를 둘러싼 세상이 미쳤거나 내가 미쳤거나 둘 중 하나일 것이다. 폴라는 자신이 미쳤다고 믿기 시작하고, 점점

2　조은채, '[페미&퀴어]가스라이팅:성별화된 세뇌(1)', 웹진 〈제3시대〉, 2017, p.11

그레고리가 말하는 사람처럼 변해간다. 그녀는 남편이 말한대로 부주의하고 약한, 혼란스럽고 신뢰할 수 없는 사람이 되어간다. 스스로를 믿을 수 없게 된 폴라는 그레고리의 사랑과 인정을 점점 더 갈구하지만, 그는 폴라를 거부한다.

그러나 실제 상황은 이렇다. 자리가 옮겨지거나 없어진 물건들은 그레고리가 폴라를 조종하기 위해 일부러 숨기고 옮겨놓은 것이며, 가스등 또한 그레고리가 깜빡이게 만든 것이었다. 그는 외출하는 척 하면서 (폴라의 이모가 남긴 보석을 찾기 위해) 다시 집 안의 다락방으로 올라가 가스등을 켰고, 이로 인해 다락방과 연결된 폴라의 방 가스등이 깜빡이게 된 것이다. 그런 폴라를 구원해주는 것은 다름 아닌 새로운 남자(구원자)다. 이모의 죽음을 수사하던 형사가 가스등이 깜빡이는 것을 봤다고 증언해준 것이다. 자신이 미친 것이 아님을 알게 된 폴라는 안도하며 형사에 의해 구출된다.

이처럼 가스라이팅은 있는 것을 없다고 하고, 피해자가 느끼는 것을 부정하고, 당연하게 느껴지는 것을 틀렸다고 말함으로써 피해자의 자존을 무너뜨리고 인식 체계를 약화시킨다. 세뇌를 당한 피해자는 반박하고 벗어나려 애쓰지만 점점 스스로를 의심하게 된다. 스턴은 가스라이팅을 다음과 같은 세 가지 단계로 구분한다.

| 단계 | 1단계 | 2단계 | 3단계 |
특징	불신	자기 방어	억압
	보석 "왜 자꾸 무시하지? 내가 우스워?"	세경 "제가 언제 무시했다고 그러세요."	세경 "죄송해요. 다시는 안 그러겠습니다."

피해자에게 비교적 가벼운 영향을 미치는 '불신'의 1단계에서 피해자는 이해할 수 없는 가해자의 주장에 당황한다. 혼란과 좌절감을 느낀 피해자는 불안해진다. 2단계의 특징은 '자기 방어'로, 피해자는 주로 가해자를 설득하려 한다. 괴로움과 절망 가운데에서도 피해자는 아직까지 희망을 놓지는 않는다. 3단계인 '억압'에서 피해자는 자기 방어마저 포기하고 관계 유지를 위해 가해자의 논리를 적극적으로 수용하고, 나아가 증명하려 한다. 지속적인 가스라이팅으로 인해 지친 피해자는 더 이상 자신을 위해 노력할 힘조차 없다.

스턴은 모든 가스라이팅이 이러한 세 단계를 거치는 것

은 아니지만 3단계에 이르면 피해자는 자신의 예전 모습을 기억할 수도 없을 정도로 무기력하고, 우울하고, 사소한 일도 결정할 수 없는 상태에 놓이게 된다고 말한다. "오직 알 수 있는 것은 뭔가 대단히 잘못됐다는 것이며, 특히 그 책임이 자신에게 있다고 생각하게 된다. 자신이 정말 좋은 사람이고 능력 있는 사람이라면 분명 상대방이 자신을 인정해줄 것이다. 그렇지 않은가?"[3]

그 일은 정말 일어났던 걸까

이 문장을 읽고 내가 '그 상태'가 되었을 때를 떠올렸다. 그동안 읽었던 가스라이팅에 대한 글들은 보통 어떻게 가스라이팅을 알아차리는지, 유독한 관계에서 어떻게 빠져나오는지에 관한 실용적인 전략을 알려주고 있다. 가스라이팅을 알아차리는 열 가지 지표, 이에 대처하는 효과적인 몇 가지 방법 등등…. 그러나 아무리 생각해도 나는 내 경험에 번호를 붙여 정리하거나 효과적인 팁 같은 것을 줄 수 없을 것 같았다. 우선 그렇게 체계적인 글을

3   로빈 스턴, 〈그것은 사랑이 아니다〉, 신준영 역, 알에이치코리아, 2018, p.42~48

쓸 만큼 잘 기억이 잘 나지 않았고, 그나마 남아 있는 기억은 온통 뒤죽박죽 꼬여 있어서 그 일이 정말로 일어나긴 한 건지 의심마저 들었다. 게다가 스스로를 너무 피해자화하고 있다는 생각이 떠나지 않았다. 그냥 시트콤에 나오는 것처럼 사소한 해프닝에 불과한 것 아닐까? 아니면 나의 모든 결점과 불운, 실패들을 몽땅 탓할 수 있는 핑계를 만들고 싶은 걸까? 우선 이 일이 정말로 일어났는지 파악할 필요가 있었다. 나는 잘 준비를 하고 있는 여동생 수안이에게 물었다.

나   있잖아, 수안아. 내가 ○○○한테 가스라이팅
            당하던 때 기억나?
수안   그럼. 언니 그때 매일 밤마다 나한테 무슨 문
            제가 있냐고 물어봤잖아.

수안이의 눈시울이 금방 붉어졌다. 우리는 말없이 울었다. 그 순간 그 일이 분명 벌어졌던 일이라는 걸 알 수 있었다. 다른 이들의 글에서 배웠던 것 중 하나는 가스라이팅 피해자에게 공통적으로 나타나는 특징 중 하나가 기억상실이라는 것이다.
내가 분명히 기억하는 것은 매일 밤 여동생과 같은 침

대에 누워 나한테 있는 근본적인 문제가 뭘까 심혈을 기울여 알아내려 애썼던 것이다. 동생은 난처한 얼굴로 "언니, 정말 그게 뭘까?" 물었다. 나는 내 모든 행동이 '그 무언가' 때문에 끔찍한 문제를 일으키고 있다고 믿었으며, 언제, 왜 생겼는지 모르지만 고칠 수도 없다고 느꼈다. 나는 밤마다 뱃속에 들어있는 블랙홀 같은 검은색 덩어리를 상상하며 점점 더 많은 에너지를 소모했고, 다른 생각은 할 수 없는 지경에 다다랐다. 이것을 해결하기 전까지는 나도 모르게 계속 끔찍한 잘못을 저지르게 될 것이기 때문이었다. 지금 그 장면을 돌이켜보면 조금 웃음이 난다. 여자애 두 명이 나란히 천장을 보고 누워 있지도 않은 것에 대해 전심전력을 다해 고민하는 모습을 생각하면.

만약 물어볼 동생이 없었다면 익숙한 가스라이팅의 방식대로 생각했을 것이다. '네가 없었던 일을 상상하는 거야', '네가 괴로울 일이 아니야', '모두 네 잘못이야' 가스라이팅의 끔찍한 점은 피해자가 가해자의 논리를 내면화해 스스로를 학대한다는 것이다. 요즘도 나는 이 문장들을 되뇌지 않기 위해 부단히 노력한다. '내가 상상하는 거야', '내가 괴로울 일이 아니야', '모두 내 잘못이야' 오랜 시간이 지나고 나서야 나의 경험에 '가스라이팅'이라는 이름을 붙일 수 있게 되었다. 아무도 진단해주지는 않았지만, 내가 분명 어떤 경험을 했고 그 경험이 나를 비가역적으로 바꿔놓았다는 것만은 분명하다. 이제 나는 스스로를 가스라이팅 피해자라고 인정할 수 있을 만큼 강해졌다.

다음은 가스라이팅을 당하고 있는지 진단하기 위한 로빈 스턴 박사의 목록이다. 스턴은 다음 20개 항목이 누군가에게 조종당할 때만 나타나는 것은 아니지만, 해당하는 항목이 하나라도 있다면 주의하라고 권고한다.

1. 지속적으로 자신이 어떤 사람인지 곰곰히 생각한다.
2. 하루에 열두 번도 더 자신에게 묻는다. "내가 너무 예민한가?"
3. 직장에서 자주 혼란스럽고 얼빠진 느낌이 든다.
4. 항상 어머니, 아버지, 애인 혹은 직장 상사에게 사과를 한다.
5. 자신이 애인, 배우자, 직원, 친구, 혹은 딸로서 충분한 자격이 있는지 자주 의문을 갖는다.
6. 여러 면에서 잘 살고 있는데도 왜 행복하다는 생각이 들지 않는지 이해할 수 없다.

7. 옷을 사거나, 아파트에 가구를 들여놓거나 혹은 개인적인 물품을 살 때 스스로 어떻게 느끼는가 보다는 배우자가 좋아할 것인가를 먼저 생각한다.

8. 배우자의 행동에 대해 친구들이나 가족에게 자주 변명을 하게 된다.

9. 설명하거나 변명하기 싫어, 배우자에게 친구들과 가족에게 들은 정보나 이야기를 하지 않는 자신을 발견하게 된다.

10. 무언가 굉장히 잘못된 것을 안다. 하지만 그것이 무엇인지 자신에게조차 설명할 수가 없다.

11. 상대방이 윽박지르는 것을 피하고 상황이 꼬이는 것을 피하기 위해 거짓말을 하기도 한다.

12. 간단한 결정을 내리는 것도 어렵다.

13. 사심 없는 화제를 꺼내는 데도 두 번 생각하게 된다.

14. 배우자가 집에 오기 전에 그날 잘못한 일은 없는지 머릿속으로 점검한다.

15. 예전에는 스스로가 훨씬 자신 있고, 삶을 즐기고, 여유 있는 사람이었다는 느낌이 든다.

16. 배우자를 화나게 만들 것 같은 이야기는 다른 사

람을 통해 전달한다.

17. 어떤 일도 제대로 할 수 없을 것 같다는 느낌이 든다.

18. 아이들이 배우자로부터 당신을 보호하기 시작한다.

19. 전에는 좋은 관계였던 사람들에게 화를 내는 자신을 발견한다.

20. 인생에 낙도, 희망도 없다는 느낌이 든다.[4]

가스라이팅은 하나의 관계에서만
일어나지 않는다

알고 보니 그동안 나는 하나의 관계에서만 가스라이팅을 겪은 게 아니었다. 가스라이팅의 문제는 피해자가, 때로는 가해자도 의식하지 못한 채로 시작된다는 사실이다. 더구나 가해자들이 하는 말 속에 사실이 포함되어 있을 때는 더 그렇다. 예를 들어 당신이 친척들이 모이는 저녁 식사에 늦었다고 가정해보자. 당신은 늦은 이유를 설명하

4   로빈 스턴, 〈그것은 사랑이 아니다〉, 신준영 역, 알에이치코리아, 2018, p.35

고 사과를 했다. 하지만 어머니는 이렇게 말한다. "너는 매번 늦는구나. 그럴 줄 알았어. 너는 가족을 전혀 소중히 여기지 않는 이기적인 아이니까." 이 경우 당신이 자주 늦는다는 것이 사실이라면 이 말에 반박하기란 쉽지 않을 것이다. 정말 내가 그런 사람인가?

또 다른 예를 들어보자. 당신의 직장 상사는 자주 업무 시간 이외에 메신저로 연락해 지시를 내리고, 늦은 밤에 전화까지 하며 당신을 괴롭힌다. 그는 'A씨를 위해 내가 애쓰는 거니까 고맙게 생각하라'고 말한다. 회사 사람들에게 상사가 자신을 싫어하는 것 같다고 호소하자 "오히려 사회생활 잘한다고 칭찬하시던데? A씨가 착각하는 것 아냐?"라는 대답이 돌아온다. 상사에게 용기내 이야기하자 그는 "A씨를 특별히 신경써준 것인데 오해했나보다, 너무 힘들면 이 업무에서 제외하겠다."고 통보했다. 열심히 준비하던 프로젝트에서 쫓겨난 당신은 생각한다. 내가 뭘 잘못했지?

다른 예를 들어보자. 계속되는 상사의 괴롭힘에 당신은 용기를 내어 직장을 그만두기로 결심했다. 당신의 아버지는 이렇게 말한다. "너는 자주 포기하는 경향이 있어. 조금만 더 참아보는 건 어떠니? 너만 힘든 건 아니잖니." 당신은 아버지에게 반박하고 사과를 요구했지만 아버지는 오히려 너를 생각해서 하는 말이라며 서운한 기색을 보인다. 당신은 괜히 아버지의 마음을 상하게 한 것인지 혼란스러워진다. 내가 정말 쉽게 포기하는 사람인가?

당신은 오늘 마음에 드는 옷을 입어서 기분이 좋았다. 애인이 말한다. "노출이 너무 심한데? 나랑 있을때만이라도 다른 옷을 입으면 안 돼?" 당신은 통제 당하기 싫다고 불쾌함을 표시한다. 애인은 "그 옷을 입고 다른 남자랑 웃으며 얘기하는 것을 보니 걱정이 돼. 어떻게 쳐다보는지 너만 순진해서 모르는 거야. 널 위해서 하는 말인데 왜 받아들이질 못해?" 애인은 속상해한다. 내가 너무 배려가 없었나?

당신은 오랫동안 커밍아웃을 고민해온 레즈비언이다. 이번에 가족들이 모일 때 말하기로 결심했다고 털어놓자 오랜 친구는 이렇게 말한다. "이번 저녁 식사에서는 말하지 않는 게 어때? 요즘 부모님이 너 걱정 많이 하시는데 보탤 필요는 없잖아." 당신은 반박했지만 친구는 네 탓을 하는 게 아니라 지금의 타이밍에 말을 하는 게 좀 이기적일 뿐이라고 지적한다. 당신의 감정적인 반응에 친구와의 관계가 어색해진 것 같다. 내가 너무 예민한가?

당신은 명절에 결혼은 언제 할 거냐고 묻는 친척들 때문에 가족이 모이는 자리가 부담스럽다. 결혼을 할 생각이 없다고 얘기도 해봤지만 오히려 더 견디기 힘든 대화가 이어지곤 했다. 이번 명절에는 할머니 댁에 가지 않겠다고 결심하고 전화를 드리니 할머니는 너무나 서운해하신다. 부모님은 아프신 할머니를 뵙지 않을 이유가 없지 않냐며 비난한다. 나는 사랑하는 가족을 위해 몇 시간도 못 견디는 이기적인 사람인가?

다시 돌아오자. 당신은 오늘 저녁 가족과 식사 약속이 있다. 당신은 직장 상사에게 추가 업무를 지시받느라, 애인과 싸우느라, 정체성을 고백할지 고민하느라, 스스로를 방어하기 위한 용기를 내느라 식사시간에 늦었다. 또는 어쩌다보니 그냥 늦었을 수도 있다. 늦잠을 자서 지각을 했을 수도 있다. 지각을 한 이유는 사실 중요하지 않다. 가스라이팅 가해자가 당신이 이해할 수 없는, 사실이 아닌 말로 당신을 규정하고 상황을 해석한다는 사실이 중요하다.

> 당신   업무 외 시간에 연락을 받는 것이 불편해요.
> 상사   도움이 되고자 한 일인데 오해했나봐요. 업무
>   가 힘든 듯하니 이번 프로젝트는 쉬어도 좋아요.

당신　직장에서 부당한 대우를 받고 있어요. 그만두려고 해요.

아버지　너는 항상 쉽게 포기하는 경향이 있구나.

당신　이 옷을 입으면 기분이 좋아.

애인　나를 배려하지 않으니까 그 옷을 입은 거지?

당신　이번에 가족들에게 커밍아웃을 하려고 해.

친구　부모님을 생각하지 않는 건 이기적인 것 같아.

당신　이번에는 할머니를 뵈러 가지 못할 것 같아요.

부모님　할머니를 사랑하지 않는구나.

당신　지각해서 정말 죄송해요.

어머니　너는 가족을 소중히 여기지 않는구나. 이기적인 아이니까 그럴 줄 알았어.

가장 약한 마음을 가장 강한 용기로 사랑하라

가스라이팅하는 사회

있는 것을 없다고 하고, 느끼는 것을 부정하고, 당연한 것을 틀렸다고 말하는 것. 나의 자존을 무너뜨리고 인식 체계를 약화시키는 것. 스스로를 점점 의심하게 되는 것. 어딘가 익숙하지 않은가? 한국 사회에서 페미니스트로 살아가기란 가스라이팅과 함께 살아가는 것과 마찬가지다. 이때 가해자들은 친구, 애인, 가족과 같은 가까운 관계일수도, 직장 상사, 선생님처럼 권위 있는 인물일 수도 있다. 또한 간과해서는 안 될 것은 사회 전체가 우리를 가스라이팅하고 있다는 사실이다.

'사회적 가스라이팅'은 한 사람의 가해자가 아닌 언론, 대중매체, 정부, 문화 전반 등 사회 전 영역에 걸쳐 일어난다. 쉐이 엠마 페트Shea Emma Fett 는 사회적 가스라이팅을 '모든 이가 평등'하다고 주장하며 동시에 본래의 불평등함을 잃지 않기 위해 애쓰는 사회 체계가 만들어낸 결과라고 말한다. 가스라이팅은 한 사람의 가해자가 있을 때도 말도 안 되게 고통스럽지만, "이를 지지하는 중창단이 있다면" 여기에서 스스로를 방어하기란 거의 불가능한 일이 된다.[5] 이런 사회는 개별적 가해자 한 사람, 한 사람에게 이 끔찍한 폭력의 정당성을 부여하고 그들의 행동을 장려하는 동시에, 이를 가능하게 하는 구조적 문제를 은폐한다.

구조적 불평등으로 인한 고통을 개인의 책임으로 돌리려는 사회에서 소수자는 필연적으로 가스라이팅 생존자로 살아가게 된다. 당신이 이 사회에서 승리하지 못했다면 존재하는 것만으로도 잘못이 된다. 고통은 온전히 당신의 책임이고, 모든 원인은 '네가 예민한 탓'이 된다. 그 사회에서는 자존감이나 소확행 같은 누구에게나 안전한 말들이 시대정신처럼 유행하고 서점에서는 괜찮아 괜찮아 말하는 책이 베스트셀러가 된다. '네 잘못은 아니지만' 노력은 너의 몫이고, 가질 수 있는 만큼의 행복만 꿈꿔야 하고, 사회 변혁 같은 거창한 이상보다는 지금 이대로도 괜찮다는 달콤한 위로가 훨씬 가깝다. 가정폭력이나 데이트폭력을 당해도 떠나지 못하는 여자는 '지 팔자를 지가 꼰 것'이고 우울증과 식이장애로 고생하는 청소년은 자존감 상승하는 법에 대한 유튜브 영상을 본다. 자존감 하락이 호환마마보다 무서운 시대다. 그 사회는 당신의

---

5 쉐이 엠마 페트, '10 Things I've Learned About Gaslighting As An Abuse Tactic', 〈Medium〉, 2015.

고통이 누구의 잘못도 아니라고 설득한다. 잘못된 게 없는데 왜 행복하지 않냐고 순진한 얼굴로 묻는다. 그렇다면 나의 잘못일까? 당신이 여성이라면, 장애인이라면, 퀴어라면, 어린이라면, 가난하다면, 정신병자라면; 채식주의자라면 … 리스트는 끝도 없이 이어진다.

페미니스트의 관점에서, 여성을 대상으로 이루어지고 있는 사회적 가스라이팅은 젠더 권력에 의한 성별화된 폭력이다. 스턴은 가스라이팅이 성별에 구분 없이 모든 관계에서 발생할 수 있지만 많은 상담 사례에서 알려진 바, 가해자는 남성인 경우가, 피해자는 여성인 경우가 많다고 말한다.[6] 그러나 스턴은 가스라이팅과 젠더 권력의 교묘한 공생에 주목하지 않고, 피해 여성과 가해 남성의 '합작'으로 가스라이팅을 설명한다. 스턴은 성역할의 변화가 남성들로 하여금 똑똑한 여성들을 통제하려는 반발을 불러왔으며, 여성들도 남성들에게 의지하기 위해 자발적으로 스스로를 다시 프로그래밍해서 남성들에게 동조했다고 말한다. 가스라이팅은 이러한 '새로운 세대'인 가해자와 피해자의 합작이며, '강하고 똑똑한 여성상'의 압박이 가스라이팅 피해자 여성들로 하여금 이중적인 수치심을

6 로빈 스턴, 〈그것은 사랑이 아니다〉, 신준영 역, 알에이치코리아, 2018, 31.

부과한다는 것이다.

물론 많은 생존자들이 자신이 피해자라는 사실을 받아들이기 어려워하거나, 심지어는 알아차리지 못하기도 한다. 특히 가해자의 상황 조작과 세뇌가 동반되는 가스라이팅의 경우 스스로를 바보처럼 느끼거나, 페미니스트로서의 자존심에 상처를 입을 수도 있다. 그렇다고 해서 가스라이팅이 마치 여성해방운동 때문에 발명된 새로운 현상인 것처럼 말하는 것은 현실 부정이다. 오히려 그 반대로 페미니즘으로 인해 인류 역사의 오랜 질병인 가스라이팅이 발견되었다고 설명하는 편이 옳을 것이다. 페미니즘이라는 말이 있기 이전부터 지금까지, 이 세상의 부조리를 감지하고 지적하는 여성들은 이상하거나, 미쳤거나, 마녀 취급을 받았다. 고대 그리스에서는 여자들의 히스테리가 자궁이 몸 안에서 돌아다니기 때문이라고 진단했다. 아직도 미국인들은 "Bitches be crazy"라는 말을 농담으로 한다. 한국 사회라고 다를까? 된장녀, 김치녀, 맘충, 개미년… 네이트판, 페이스북, 각종 인터넷 커뮤니티에서는 각양각색으로 여자들을 몰아가는 스포츠가 인기다.

가스라이팅이라는 말이 꽤 대중화된 다음 나온 수많은 글에서는 공통적으로 '그 관계에서 떠나기'를 해결책으로 제시한다. 그러나 지금 한국 사회에서 가스라이팅이 없는 곳으로 떠날 수 있을까? 1944년의 영화 〈가스등〉처럼 새로운 구원자가 근본적 해결책이 될 수 없다는 것은 이제 모두가 안다. 그러나 폭력적 관계를 끊고 떠난다고 하더라도, 어디로 떠나야 하는가? 폭력적인 남편, 구속하는 남자친구, 나를 깎아내리는 엄마, 폭언을 일삼는 교수나 상사… 개별적 얼굴을 가진 악마들의 '사랑이라는 이름의 폭력'에서 벗어나기만 하면 우리는 정말 자유로워질까?

이 모든 유해한 관계에서 벗어난다고 해도, 페미니스트로서 이 땅을 밟고 사회 속에서 살아간다는 것은 매 분매 초 가스라이팅에 노출되는 것과 다름없다. 드라마와 영화, 뉴스, 법정에서는 웃기지 않은 것을 웃기다고 하고 부당한 것을 당연하다고 말한다. 여성이 겪는 위협과 폭력, 혐오의 경험은 쉽게 지워지고, 내가 살아가는 사회와 사람들이 말하는 사회는 다른 모습일 때가 많다. 2016년, 강남역 살인사건이 일어났을 때 여성들은 여자라서 죽었다고 말했으나 언론은 이를 고집스럽게 '묻지마 살인'이라고 보도했다. 2019년, 37년간 가정폭력을 당하던 아내가 남편을 살해하고 징역 8년을 선고받았다. 다른 한편에서는 남편이 아내를 때리다 살해했지만 집행유예를 선고받았다. 경찰청 통계에 따르면 최근 4년간 가정폭력으로 인한 112 신고는 매년 20만 건 이상이다. 하지만 현재까지 가정폭력 피해자 여성이 남편을 살해한 사건에서 정당방위를 인정한 판례는 0건이다.

가장 객관적일 것이라 여겨지는 과학이나 현대의학마저도 여자들을 배신한다. 여성들이 통증을 호소하며 의료처치를 요구해도, 병원에서는 이를 정신질환으로 진단하거나 믿지 않는 경우가 빈번하다. 한 예로, 여성들의 심장발작 증상은 남자들과는 다른 양상을 보이나 심장 관련 연구는 남성 위주로만 진행되고 있으며, 관련 증상을 호소하는 여성들은 정신신경계 질환으로 진단받는 경우가 많았다. 2019년 〈뉴욕타임스〉에 실린 기사를 보면 메이요 클리닉의 헤이즈 박사는 심장질환이 남성보다 여성에게 치명적인 이유는 의사들이 이를 불안장애나 우울증의 증상으로 오인하기 때문이라고 말한다.[7] 기사의 내용에 의하면 하버드 경영대학원의 로라 후앙 교수 등으로 구성된 연구진이 10년간 환자 58만여 명의 자료를 분석한 결과, 급성심근경색의 경우 의사-환자 젠더로 분류했을 때 남자 의사에게 치료받은 여자 환자가 가장 사망률이 높았

7 "How One Woman Changed What Doctors Know About Heart Attacks", 〈The New York Times〉, 2019년 2월 1일자. https://www.nytimes.com/2019/02/01/well/live/doctors-women-heart-attacks-scad.html

다.[8] 심장질환뿐만 아니라 의료계 전반에서 여성 환자들이 실제로 겪고 있는 고통을 호소했지만 제대로 진단을 받지 못한 피해 사례는 수없이 많다. 세계적인 테니스 선수인 세레나 윌리엄스조차 이 남성중심적인 전통에 의해 목숨을 잃을 뻔했다. 그는 출산 중 지병인 폐색전증으로 인한 고통을 호소했으나 의료진은 이를 믿지 않았고, 상태가 목숨을 위협할만큼 심각해진 후에야 본인의 바람대로 치료를 받을 수 있었다.

현대사회에서 일어나는 사회적 가스라이팅은 이렇게 가해자와 피해자 사이의 위계에 따라 작동하고, 동시에 이 권력 구조를 강화한다. 가스라이팅이 더 오래, 높은 강도로 지속될수록 고립된 피해자는 가해자에게 더 많은 권위를 부여한다. 때문에 이 사회를 구성하는 가장 큰 위계 중 하나인 젠더 권력을 빼고는 가스라이팅을 설명할 수 없다. 젠더 권력에 따른 위계는 가스라이팅하기 좋은 환경을 조성하며, 은밀하고도 정교하게 이 부조리한 구조를 공고히 한다. 내가 미쳤거나, 나 빼고 온 세상이 미쳤

8   "Patient–physician gender concordance and increased mortality among female heart attack patients", 〈PNAS〉, 2018년 8월 21일자. http://health.re.kr/?p=5452, https://www.pnas.org/content/115/34/8569

거나의 기로에서 우리는 매일 선택한다. 내가 아니라 이 세상이 미쳤다고 용기내어 말하는 여자들이 있다. 이들의 이름은 페미니스트다.

피해자인 나와 화해하기

다시 세경 씨와 정보석의 예로 돌아오자. 그건 정말 웃긴 장면이었을까? 심심할 만하면 배경에 삽입되는 방청객의 웃음소리 대신 다른 음악이 흘렀다면 어땠을까? 만류하는 아내도 뿌리치고 어두운 베란다로 세경을 혼자 불러내 윽박지르는 중년의 아저씨를 보고 웃으려면 여러 장치가 필요했다. 정보석이 무늬만 가장인 허수아비라는 점, 한 달에 50만 원을 받고 얹혀 사는 가사도우미이자 사채빚을 진 아버지 때문에 고등학교를 졸업하지 못한 세경 씨가 고용주의 일방적인 공격에도 스스로를 의심하지 않는 강한 정신력을 가져야 한다는 점이다. 현실에서 그런 일들은 대개 안전하지도, 무해하지도 않으나 우리는 그 시트콤을 볼 때는 편안하게 앉아 웃을 수 있었다. 그런 일들은 실제로 일어나지 않는다거나, 무서운 일이 아니라는 듯이.

하지만 그런 일들은 실제로 일어난다. 가스라이팅 하는 사회에서 나도 모르게 가해자가 되기란 생각보다 쉽고, 피해 사실을 알아차리기는 훨씬 어렵다. 가해자/피해자가 따로 정해져 있지 않은 것처럼, 가스라이팅의 모습도 모든 관계에서 다르게 나타난다. 가해자가 오히려 피해자 행세를 하거나 원하지 않는 방식으로 애정 공세를 퍼붓는 등 폭력적인 가해자 외에도 다양한 유형이 존재한다. 한 가지 공통적인 것은 시간이 지날수록 점점 심해질 것이라는 사실 뿐이다. 영화 〈가스등〉에서 폴라는 정서적으로 취약해질수록 그레고리에게 의지하고 그의 애정을 갈구한다. 우리와 가까운 가해자들은 피해자의 약점을 이미 잘 알고 있다. 이들은 의식적으로 심지어 무의식적으로 이를 이용해 피해자가 자신에게 더욱 의존하도록 만든다.

많은 경우 피해자들은 사랑이 많고 공감 능력이 뛰어나며, 인정 욕구가 강하다고 한다. 단 한 명의 고유한 당신이 수많은 피해자 중 한 사람이 되어버렸을 때, 당신은 당신을 그렇게 만든 자신의 어떤 부분을 미워하게 된다. 하지만 바로 그 부분이 당신을 당신으로 만들어준다면, 어떻게 원망하지 않고 사랑할 수 있을까.

그때의 내가 어땠냐고 질문했을 때, 동생은 정확한 단어를 찾으려는 듯 오래 고민하다 대답했다. "그때 언니는… 착했어." 이 때의 '착하다'가 어떤 말인지 안다. 나의 착함은 완전한 장점도, 완전한 결점도 아니었다. 다른이의 상처를 바라보려 애쓰는 이타적인 태도인 동시에 순종적이고 자신감 없는, 미움 받기 싫은 비겁한 마음이었다. 동생의 말을 들으며 생각했다. '결코 그때와 같은 방식으로 착해지지 않을 거야' 나의 착함을 미워하기는 너무 쉬운 반면 나 자신으로부터 스스로를 보호하는 것은 너무 어려운 일이었다. 오랜 세뇌와 가학적인 자기최면의 경험 이후, 삶을 바라보는 렌즈가 비가역적으로 바뀌고 나서는 스스로에게 가혹하고 잔인해지지 않기 위해 신경을 곤두세워야만 했다. 가해자로부터 벗어난 뒤 오랜 시간이 지났을 때, 그가 더이상 내 삶에 영향을 미치지 못할 때 원망할 수 있는 가장 쉬운 상대는 나 자신이다.

이해와 인정을 받고 싶어하는 것은 자존감이 낮아서가 아니라 반대로 자신의 가치가 과소평가되고 있다는 것을 알기 때문에 생기는 마음이다. 우리는 스스로가 소중한 사람이라는 사실을 공감받고, 연결되고 싶기 때문에 세상 밖으로 틈새를 열어둔다. 가해자들은 이 틈을 매우 잘 포착하고, 우리는 그만큼 연약해진다.

그럼에도 불구하고 다시 세상을 향해 나를 열어둘 용기를 내는 이유가 있다. 내 세계가 다시 점점 작아지는 것이, 그렇게 만들 수 있는 권한을 그들에게 주는 것이 훨씬 두려운 일이기 때문이다. 어떤 부분이 나를 피해자가 되기 쉽게 만든다고 하더라도, 완전히 다른 사람이 될 수는 없다. 그 부분이 나라는 사람을 정의하기 때문이다. 누구에게나 스스로를 정의하는 자기만의 것이 있으리라 믿는다. 아무도 없는 밤, 휴대폰도 보지 않고 혼자 있을 때 눈물을 흘리는 순간이나 어린 시절을 절대 잊지 않을 거라는 다짐 같은, 누구도 빼앗아가지 않았으면 하는 여린 마음 같은 것들 말이다. 나는 그런 것들이 있어 세상이 아름다워진다고 믿는다.

제작년에 나는 미투 운동에 힘입어 내가 겪었던 데이트폭력과 가스라이팅 경험을 집회에서 고백했고, 학내 성폭력 경험을 고백하는 글을 썼다. 댓글들은 나를 피해망상증 환자라고 불렀다. 용기를 낸다고 해도 언제나 당신의 경험과 느낌을 부정하는 사람들이 있을 것이다. 그런 말을 계속 들으면 당신조차도 '그 일이 정말 있었던 일인가?' 하고 의심하게 될지도 모른다. 직접 겪은 나조차도 확신이 없는데, 저 사람들은 어떻게 확신에 차 있을까?

그러나 당신을 정의하는 것은 어떤 사건이나 다른 이의 말이 아니다. 오직 자기만이 스스로를 어떻게 정의할지 결정할 수 있다. 당신이 그 관계에서 빠져나온 이후에도, 그 일이 없었던 일이 되지는 않는다. 그러니 용기를 내어 그 일이 있었다고, 나는 여기에 존재한다고 계속해서 말해야 한다. 내가 정말 미친 건가? 정말 그 일이 벌어졌었나?라고 물었을 때 다시 기억할 수 있도록. 그러면 언젠가는 나 자신을 보호하지 못한 스스로를 용서할 수 있을지 모른다. 그건 내 잘못이 아니었다고 자신 있게 말하고, 나를 연약하게 만드는 나 자신과 화해할 수 있을 날을 기대한다. 그래서 나는, 그럼에도 불구하고, 가장 약한 마음을 가장 강한 용기로 사랑한다.

'괴물' 앞에 선 여성들
- 사이코패스와 묻지마 범죄에 대해 물어야 할 것들

김민정

이 사회가 용인하고 또 구성하는
남성성이란 우리들이 꼬리
자르고 싶어 하는 사이코패스의
특성과 닮아 있다.

김민정
범죄가 왜 일어나는지 궁금해서 범죄심
리학을 하다 보니 어느새 여성학까지 오
게 되었다. 다양한 범죄 현상, 원인, 처벌
의 맥락을 젠더 관점으로 읽어내려 한다.
서울대 여성학협동과정 박사과정 수료.

그 아동성폭력범

몇 년 전 전국의 교도소를 방문해 수감자들과 면담한 적이 있었다. 당시 나는 성폭력, 살인 등으로 형을 살고 있는 수감자들의 사이코패스 성향을 평가하는 연구에 참여하고 있었다. 그는 교도소에서 내가 만난 사람 중 한 명이었다. 다른 수용자와의 싸움에 자주 연루되어 교도소에서 문제수로 분류된 사람이었다. 범죄 기록에는 그가 일주일간 2명의 초등학교 여학생을 공중화장실로 끌고 가 강간하였다고 적혀 있었다. 아동, 강간이란 글자가 매직아이처럼 크고 두드러지게 눈에 들어왔고, 나는 그를 곧 만난다는 사실에 두려움을 느꼈다.

이전에도 잔인하고 흉포한 범죄를 저지른 사람들을 여럿 만났고, 단 둘이 한두 시간 이야기를 나눈 적도 꽤 있었다. 그들의 삶과 삶의 순간들에서 느낀 감정에 대해 들으며 살인범이나 성폭력범이라고 해서 모두 사이코패스나 괴물이 아님을 확인하였고, 누구보다 그 사실을 잘 알고 있다고 자부했다. 그럼에도 불구하고 그에게는, 정확히는 그와 같은 아동성폭력범에게는 몸이 먼저 강렬하게 반응했다.

위험하다, 무섭다, 피해야 한다와 같은 본능적인 감정

들이 순간적으로 몰려와 한꺼번에 일렁였다. 포식자에 대한 원초적인 두려움과 더러운 존재에 대한 혐오의 감정이 뒤섞여 있었다. 얼마나 이기적이면, 얼마나 공감능력이 없으면, 얼마나 잔인하고 포악하면, 두려워 우는 어린 아이를 제압하고 지배하면서 자신의 '욕구 해소'를 위한 도구로 이용할까. 범죄명만으로 사이코패스 여부를 판단해서는 절대 안 되는 일이지만, 나는 그가 사이코패스일 가능성이 아주 높다고 생각했다.

마침내 그가 교정공무원 두 명과 함께 면담 장소로 들어왔다. 그는 신이 나 보였다. 자리에 앉자마자 옛날 홍콩 영화에 나오는 노래를 불렀는데, 뭔가 이상했다. 말이

---

1 강간이 권력의 문제이자 여성에 대한 테러라는 사실은 1970년대부터 페미니스트들에 의해 강조되어 왔음에도 불구하고(수전 브라운밀러) 수사·재판 과정이나 주류 범죄학에서는 여전히 강간의 원인을 성욕의 문제 또는 가부장의 소유물인 여성의 정조를 훔치는 재산상의 범죄로 이해하는 경향이 있다. 강간을 포함한 성폭력이 가해자의 '성욕' 문제로 받아들여지면, 범죄가 가해자의 본능 때문에 발생한 '우발적 실수'로 이해되고, 가해자의 실수를 유발한 피해자의 행실이 판결에 주요한 영향을 미친다. 성폭력 사건에서 가해자 중심적 수사 및 판결 관행이 지속되는 이유다. 이 면담이 이루어졌을 당시 나는 주류범죄학적 이론과 심리학적 원인론을 바탕으로 강간을 포함한 성폭력을 이해하고 있었고, 강간이 단순히 '성적 욕구의 해소'를 위한 행동이 아니라 젠더화된 권력과 지배를 확인하려는 행위임을 잘 알지 못했다.

어눌했고, 말귀도 잘 못 알아듣고, 자주 웃었다. 해맑게,
마치 아이처럼. 대화가 되어야 그의 이야기를 끌어내어
그가 가진 사이코패스 성향을 평가할 수 있는데, 평범한
대화가 불가능한 수준이었다. 그의 정신연령은 네 살 정
도 되어 보였다. 결국 주면담자는 사이코패스 평가를 포
기하고, 유아와 놀아주듯 이야기를 나누었다.

면담자 ○○이 그러면 돼? 안돼?
그   안돼요.
면담자 다른 사람 아프게 하면 좋은 거야, 나쁜 거야?
그   나빠요.
면담자 ○○이 엄마 아빠 어디 있어?
그   …
면담자 누가 ○○이 키워줬어?
그   할머니
면담자 집에서 뭐했어? TV 봤어?
그   TV 없어. 혼자 있어.

면담은 마지막까지 이런 식으로 진행되었고, 그는 면
담 중간 중간 기분이 좋은지 박수까지 치며 틀린 발음으
로 그 홍콩 노래를 불러댔다. 다른 연구원들은 자신이 맡

은 면담을 다 마치고 그 주변에 몰려들어 그의 해맑은 웃음과 그가 부르는 귀여운 노래를 감상했다. 그때 우리는 강력범죄자들을 만나고 다니는 동안 지치고 메마른 정신이 힐링되는 기분마저 느꼈다. 바로 그 아동성폭력범으로 인해.

이 글은 그 아동성폭력범이 내가 상상했던 나쁜 놈의 전형에 속하지 않아 받았던 충격과 그에게서 내가 짧은 순간 위안을 받았다는 더 충격적인 사실에서부터 시작한다. 그는 우리가 흔히 상상하는 '괴물', 즉 사이코패스나 묻지마 범죄자, 소아성애자가 아니었다. 그렇다면 그는 왜, 그리고 어떻게 위협적인 존재인 걸까? 특히 나와, 나와 같이 여성의 몸을 가진 모든 이들에게. 그 충격과 짧은 위안의 순간에도 불구하고, 나는 아직도 그가 두렵다. '그'라는 사람이 문제인가, 그와 같은 범죄를 저지른 집단이 문제인가? 아니, 애초에 그 두 개가 구분이 가능하긴 한 걸까? 이 질문들은 아직까지도 뱅뱅 맴돌며 나를 괴롭히고 있다.

어렵게 얻은 정보들을 종합하여 그의 생애를 다음과 같이 유추할 수 있었다. 그는 어릴 적부터 할머니와 살았다. 할머니는 그를 방 안에 혼자 두고 밖에서 방문을 잠근 후 일을 나갔다. 정규교육을 전혀 받지 않았고, TV도 없는 방 안에서 대부분의 시간을 혼자 지냈다. 사회에서 다른 이들과 섞여 살아갈 수 있는 기본적인 교육을 전혀 받지 못하고 몸만 성인이 된 그에게 어느 날 동네의 '착한 형'이 찾아와 '좋은 데' 데려다준다고 했다. 그렇게 처음 성 구매를 하고 난 후 그는 또 그 행위가 하고 싶었다. 그래서 길거리에서 성인 여성들에게 접근했더니 그녀들이 소리 지르며 그를 밀쳤다. 그는 성인 여성들이 '무서웠다.' 그래서 여자 아이를 택했다.

그는 내가 교도소에서 만난 사람들 중 가장 기억에 남는 사람이다. 그를 만난 후 여러 가지의 감정과 의문이 뒤엉켜 밀어닥쳤고, 내 감정을 다른 누군가에게 이야기하기까지도 아주 오랜 기간이 필요했다. 나는 안타까웠다. 그것은 그가 지닌 발달장애와 이 장애를 이해하지 못하는 사회로 인해 그가 겪어야 했던 방치와 고립, 그리고 어린 시절부터 교도소 생활까지 이어지는 그를 향한 주변인들의 괴롭힘과 폭력에 기인한다. 괴롭힘이나 폭력으로부터 벗어나기 위해, 원하는 것을 주장하기 위해 그는 지금껏 소리 지르고 때리고 부수어왔을 것이다. 그에게 있어 타인과의 상호작용이란 대부분 이렇게 부정적인 방식이었을 것이다. 혼자 사회를 살아갈 능력이 거의 없는 이가 교도소 안에서 그가 이해하지도, 실현하지도 못할, 직업 교육, 인성 교육을 받지만, 정작 '다른 사람을 다치게 하면 안 돼' 수준의 눈높이 교육을 받지 못한다는 것은 심히 우려스럽다. 그렇게 형을 마치고 사회에 나오면, 최소한의 사회화조차 안 된 그는 또다시 자신과 남을 다치게 할 가능성이 높다.

그럼에도 사실 난 여전히 그가 두렵다. 지금쯤 형을 마치고 사회에 나왔을 그가 적절한 보호자 없이 어딘가에서 살고 있고, 내가 그와 골목길에서 마주친다는 상상을 하면 너무도 무섭다. 그에게 직접 폭력을 당한 적이 없지만, 내가 가지는 두려움은 실재하는 것이다. 나는 그가 사이코패스와 같이 나쁜 인간이기 때문에 두려운 것이 아니다. 그가 웬만한 여성들보다 물리적 힘이 센 남성이라서 두려운 것이 아니다.

인간의 존엄성에 대해 겪어본 적도 배워본 적도 없고, 삶의 과정에서 합의와 상호 존중을 경험해보지 못한 그가 '착한 형'에 의해 알게 된 그 '섹슈얼한 것'이란 무엇일까? 그 경험이 여성의 성기를 사용하는 것 이외의, 그 이상의 무엇일 수 있었을까? 나의 즐거움을 위해 여성의 몸을 이용해도 된다는 점, 그리고 그러한 과정을 통해서 나도 남자가 된다는 점을 깨우치게 된 것, 남성중심사회가 여성을 바라보는 시선을 학습하게 된 것, 이것이 내가 느끼는 두려움과 막막함의 핵심이다. 한국사회에서 남성이 된다는 것.

사이코패스? 묻지마 범죄?

그는 사이코패스인가? 그런데 우리는 사이코패스에 대해 얼마나 알고 있는 걸까?

사이코패스의 가장 핵심적인 특성은 공감능력이 현저히 떨어지며 자신의 단기적 만족을 위해 타인을 도구로 이용한다는 점이다. 따라서 범죄자 중에 사이코패스가 많기는 하지만 잔인하거나 흉악한 범죄자가 반드시 사이코패스인 것은 아니다. 학자들은 법에 걸리지 않은 사이코패스를 '성공한 사이코패스'로 칭하기도 하고, 좋은 환경에서 자라 굳이 법을 어기지 않더라도 타인을 이용하여 원하는 것을 쉽게 쟁취할 수 있는 이들을 상상하며 정치인, 기업가들 중에 사이코패스가 많을 것이라고 가정하기도 한다. 우리가 살면서 만나봤던 이들 중 유독 이기적이었다고 기억되는 사람이 바로 사이코패스라고 설명하는 이도 있다 (대학 팀플 때 날 위염에 걸리게 했던 바로 그 인간 말이다). 그러나 범죄자가 아닌 이들을 대상으로 하는 사이코패스 검사는 평가를 해야 할 필요성이나 목적이 불분명하기에, 현재 형사사법체계에서 사이코패스 검사는 범죄자의 위험성을 평가하는 목적으로만 실행되고 있다. 우리 머릿속에 잔인한 범죄자=사이코패스라는 등식이 생긴 이유이기도 하다.

다시 한번 질문을 던져보자. 그는 사이코패스인가? 범죄 행위는 잔인하지만, 그가 만성적으로 공감능력이 결여되어 있거나 매사에 타인을 도구화하는 것은 아니기 때문에 범죄심리학적 관점에서 그를 사이코패스라고 결론지을 수는 없다. 그는 사이코패스처럼 '나쁜' 사람은 아니다. 그러나 사이코패스만큼 '위험한' 사람이기는 하다. 모두에게 위험한 사람인가? 아니다. 여성의 몸을 가진 모든 존재에게만 위험한 사람이다. 먼저 괴롭히지 않는 한 그는 남성들에게 위험한 존재가 아니다. 오히려 남성사회에서 최하위에 위치한다. 남성사회에서 어리숙하고 말귀를 못 알아듣는다는 이유로 얻어 맞아온 그가 여성이라는 인간을 성기로 대체시키고, 단기적 만족을 위해 거리낌 없이 도구화하는 것을 배움으로써 남성동성사회의 일원이 되었다.

그는 사이코패스가 아닐 뿐더러 묻지마 범죄자도 아니

다. 많은 사람들이 '묻지마 범죄'란 단어를 공공장소에서 모르는 이에 의해 폭력 피해를 당하는 경우를 일컫는 용어라고 생각한다. 그러나 사실은 가족과 단절된 하위계층의 정신질환자를 타깃으로 하여 연구된 편향적 개념이다. 실제 묻지마 범죄의 사례들은 노숙인, 일용직 노동자 등 경제적 취약계층이면서 가족과의 관계가 단절된 정신질환자만이 포함되는 경향이 뚜렷하다. 길거리에서 모르는 사람을 해하는 범죄를 저질렀더라도 가해자에게 정신질환이 '의심'되지 않으면 포함되지 않는다.

검찰과 학자들은 묻지마 범죄에 포함될 수 있는 범죄 유형에 강간을 애초에 배제하였다. 강간을 포함하는 성폭력은 여성들이 공공장소에서 모르는 이에 의해 아무런 잘못 없이 갑작스럽게 당하는 범죄 피해의 전형이지만, 범죄에 관한 지식과 정책을 설계하는 권위 있는 이들에게 지나가던 여성 아무나가 피해의 타깃이 되는 범죄는 연구하고 설명할 만한 범죄가 되지 않는 듯하다. 묻지마 범죄가 정신질환 혐오 뿐 아니라 여성혐오를 내포하는 개념인 이유다. 더구나 묻지마 범죄 연구에 포함된 범죄 사건 중에는 '여성을 기다렸다', '여자라서 죽였다'라는 내용의 진술이 다수 존재하지만, 학계와 검경은 이를 문제 삼지 않았고 문제인지 인지조차 하지 못했다. 참고로 '남성을 기다렸다', '남자여서 죽였다'라는 진술은 단 한건도 발견되지 않는다.

짐작하건대, 학계와 검찰은 성폭력은 남성의 성욕으로 인한 것이기 때문에, '이유를 알 수 없는' 정신질환자의 범죄와는 구별된다고 여겼을 것이다. 정신질환자의 길거리 범죄만을 가려내어 낙인화하는 이 독특한 범죄 유형으로서 '묻지마 범죄' 개념은 전 세계에서 한국에만 존재한다. 이 개념에 따르면, 그가 저지른 아동성폭력은 강간에 해당하므로 애당초 묻지마 범죄가 될 수 없다.

반사회적 인격을 보유한 '개인'을 지칭하는 개념으로서 사이코패스의 가장 핵심적인 특성은 1) 상대방을 인격체로 보지 않고, 2) 타인에게 공감하지 못하며, 3) 자신의 이기적인 목적을 달성하기 위해 타인을 손쉽게 이용한다는 점이다. 그렇다면 누가, 천성적으로 나쁘지는 않은 그를, 여성에게 위험한 존재가 되도록 하였는가? 그를 버린 부모? 그를 가두어 키운 할머니? 그를 성매매업소에 데려간 동네 형? 그의 진술에서는 드러나지 않지만 충분히 짐작할 수 있는, 그를 놀리거나 때리거나 이용해온 아이들과 어른들? 그에게 필요한 적절한 사회복지 서비스를 연계해주지 않은 공무원들? 모두가 그의 삶과 범죄에 책임이 없다고 말할 수는 없을 것이다. 하지만 그렇다고 그를 둘러싼 개인들의 잘못의 합이 그일까? 그 아동성폭행범도, 그의 주변인들도 사이코패스나 묻지마 범죄자로 상정되는 '괴물'이 아니라면, 이러한 괴물은 왜, 어떻게 만들어지게 된 것일까?

이 질문에 답하기 위해 우리는 개개인의 책임을 묻는 수준을 넘어서야 한다. 이렇게 생각할 때 사이코패스는 특수한 개인이 아닐 수 있다. 여성을 인격체로 보지 않고 (상대방을 인격체로 보지 않고), 여성이 체화하는 성폭력에 대한 두려움에 공감하지 못하며(타인에게 공감하지 못하며), 우월감·자존감의 확인 또는 성적 쾌락 등 자신의 단기적 만족감을 위해 여성을 억압하고 이용하는(자신의 이기적인 목적을 달성하기 위해 타인을 손쉽게 이용하는) 이들이야말로 범죄심리학이 말하는 사이코패스의 전형이다. 그런데 우리 사회는 개인적 특질로서의 사이코패스는 밝혀내고 처단하려 하면서 사이코패스와 똑 닮은 특성을 보이는 남성, 그리고 남성이 남성으로 섞여들며 어울리는 남성문화의 집단적 사이코패스 특질은 문제 삼으려 하지 않는다.

한 성이 다른 한 성의 섹슈얼리티를 강제적으로 취하고, 이용하고, 웃음거리로 삼는다. 그들은 그녀들도 원했다거나, 그녀들이 먼저 꼬셨다거나, 그녀들이 거짓말을 하고 있다거나, 그녀들의 평소 행실이 바르지 않았다거나, 그녀들이 금전적 이익 등 다른 꿍꿍이가 있다고 말하며, 자신을 합리화하고 피해자와 제3자를 조종한다. 이러한 말들에서 드러나는 과도한 자존감과 능숙한 자기 합리화, 타인 조종 또한 사이코패스의 대표적인 특성이다.

이러한 주장은 거의 대부분의 성폭력 가해자들이 형사사법기관에서 또는 사회적 비난에 직면할 때 하는 진술이다. 그들을 변호하는 변호사도 흔히 이러한 진술을 이용하는데 그 이유는 이 같은 주장이 법정에서 효과가 있기 때문이다. 그들의 범죄를 입증해야 하는 검사, 양쪽의 입장을 듣고 공정한 판결을 해야 하는 판사, 이들을 수사하는 경찰, 이를 보도하는 언론, 이를 보고 듣고 소비하는 일반 시민들조차 이러한 집단문화적 사이코패스와 같은 사고방식에 침윤되어 있다.

같은 문화적 테두리 내에서 우리 모두는 여성을 사고하고 대하는 태도를 포함하여 수많은 사회주류담론(예를 들어 강남, 정치인, 일본, 성소수자 등에 관한 생각과 태도)을 공유한다. 소라넷, N번방, 불법촬영, 단톡방 성희롱 등을 통해서 알 수 있듯이 여성을 도구화하고, 이를 당연시하는 문화가 사회적으로 용인되고 공유된다. 그리고 사회는 '여자가 더 저항하거나 도망갔어야지', '그런 여자는 당해도 싸', '남자가 성욕이 강하니까'라고 지레짐작하며, 여성이 여성이라서 당하는 범죄 피해에 대해 더 파고들지 않는다. 이것이 문제라고 규정하지도 않는다. 오히려 이를 문제 삼기보다 이를 문제 삼는 이들을 문제 삼는다. 이 사회가 용인하고 또 구성하는 남성성이란 우리들이 꼬리 자르고 싶어 하는 사이코패스의 특성과 닮아 있다. 여성에게 이 사회 전체가 사이코패스이자 묻지마 범죄자에 가깝다.

구분 짓기와 남성 되기

우리 사회는 자꾸만 정상과 비정상을 구분 짓고 싶어 한다. 이는 범죄를 둘러싼 담론에서 유독 잘 드러난다. 범죄 사건에서 사이코패스, 묻지마 범죄, 정신질환을 강조하는 것은 범죄의 원인을 개인에게 돌림으로써 우리 사회가 내재한 구조적 문제와 차별적 문화를 가리는 효과를 갖는다. 비정상과 우리를 구분 짓고 우리와 다른 존재임을 강조하고 이들을 우리로부터 꼬리 자르는 방식은 참 편리하다. 극도로 이상한 그들만이 문제이고 나와 내 주변, 내가 살고 있는 이 사회는 이대로도 괜찮다는, 굳이 시간과 노력을 들여가며 성찰하거나 바꾸지 않아도 된다는 안도감을 주기 때문이다.

성폭력, 가정폭력, 데이트 폭력, 여성에 대한 길거리 폭력, 그리고 최근 이슈화된 디지털 성폭력까지 젠더에 기반하는 폭력gender based violence 사건들은 매일같이 발생하고, 우리는 이 중 일부를 미디어를 통해 접한다. 법정과 미디어에서 이러한 범죄 행위의 원인은 남성 가해자 개인의 성격, 성충동, 정신질환 여부, 과도한 음주 등으로 지목된다. 가해자가 그렇게 될 수밖에 없었던 이유를 불우한 어린 시절 등을 통해 해석하며 그를 '정상'인 우리와 다른, '비정상'으로 구성한다.

피해의 원인 역시 파헤쳐진다. 바가지를 긁어서, 말대꾸를 해서, 옷차림이 정숙하지 못해서, 헤어지자고 해서, 다른 남자를 만나서, 함께 술을 마셔서, 모텔에 따라 들어가서 등등 피해 여성이 충분히 조심하지 못했거나 그를 자극해서 폭력을 당하고 죽임을 당했다며 피해자를 비난하는 방식으로. 이러한 원인 분석에서 폭력이 기반하는 젠더에 대한 문제는 쏙 빠지고 만다.

그러나 정작 사이코패스, 묻지마 범죄자와 같은 '괴물'들의 진술은 어떤 진실을 적나라하게 보여준다. 이들은 '여자여서 죽였다', '여자를 기다렸다'고 서슴없이 말한다. 반면 이들과 뚜렷이 구분된다고 믿어 의심치 않는 '정상' 범주의 남성들에게서는 적어도 이러한 적나라한 여성혐오적 표현은 잘 발견되지 않는다. 그렇다면 그들이 '정상' 남성들보다 유독 더 여성을 싫어하는 것일까? 정신적, 인격적 결함 그 자체가 문제인 것인가?

정신질환의 유형은 매우 다양하고, 실제 진료를 받지 않는 경우도 많기 때문에 인구 중 정신질환자의 비율은 정확히 통계내기 어려우나, 성인 4명 중 1명이 평생에 1번 이상의 정신질환을 경험한다. 단순한 계산이기는 하지만, 정신질환 유무 그 자체가 범죄의 원인이 된다면 정신질환자에 의한 범죄는 전체 범죄의 25% 가량이 되어야 할 것이며, 조현병만 문제 삼는다면 조현병 가해자에 의한 범죄는 전체의 5%를 차지해야 할 것이다. 참고로 경찰이 검거한 인원 중 정신질환자는 0.4~0.5%에 머문다.[2]

범죄자 면담이나 사건 기록 분석을 하며 내가 알게 된 바(다른 이들도 쉽게 유추할 수는 있겠지만)는, 사이코패스나 묻지마 범죄자로 명명된 이들은 정신장애나 인격장애, 그리고 이 특성이 적절하게 고려되기 어려운 환경

2 박지선, 「공식 통계와 비교해 본 정신질환 범죄자에 대한 인식」, 『대한조현병학회지』 제19권, 2016, 25-31쪽.

과 문화로 인해 사회적 교류를 심각하게 제한당한다. 더불어 이들은 학교, 군대 등 남성이 사회성과 남성성을 훈육 받는 집단에 들어가지 못하거나 중도 탈락한다. 범죄를 저지른 시점 즈음에서 이들은 남성동성사회로부터 더더욱 단절되어 있었다. 이들은 인간으로서의 가치 및 자질에 앞서 남성/여성으로 구분된 성질의 획득을 더 중요시하는 성별화된 사회에서, 남성으로서 한국 사회를 무난하게 살아가기 위해 필수적으로 학습해야 할 무언가를 충분히 배우지 못했다.

가족, 학교, 군대, 직장에서 문화를 공유하며 강화되는 남성 간의 연대에서 안정적인 위치를 획득하기 위해 남성다움을 증명하는 일은 일종의 생존이라고 볼 수 있다. 남성다움의 증명이란 대부분 '여자 같지 않은' 모습을 보여주는 것이다. 따라서 남성성을 확고히 하기 위해서는 '여자란 이러이러하다(감정적이다, 약하다, 잘 삐진다, 수다스럽다, 수동적이다 등등)'라는 여성성을 먼저 상정해야 하고, 그것과 반대되게 행동하고 사고하는 것을 매일 수행해 나가면서 본인이 '남성'임을 반복하여 확인하고 보여주어야 한다. 여성과 자신을 다른 존재로 구분 짓고, 자신의 성적 쾌락이나 만족을 위해 사용할 수 있는 물건이나 대상으로 비유하고, 그와 같이 다루고, 조롱하며 웃고, 여성의 경험에 공감할 수 없음을 통해 자신을 확인하는 과정을 반복하는 것. 이것은 여성 일반에 대한 사이코패스적 감수성을 발달시키는 과정임에 다름 아니다.

남성성 내에도 위계가 있다. 보통 사회적 지위가 높고 리더십이 있으며 경제적 능력이 있는 남성의 경우, 물론 예외도 있지만, 불특정 다수의 시선을 받는 길거리 장소에서 여성을 때리거나 강간하는 일은 드물다. 이들이 지닌 여성혐오가 덜해서일까? 내가 보기에 이들의 여성혐오는 보다 '사회적'인 형태를 보인다. 이들의 여성혐오나 폭력은 무차별적으로 혹은 대놓고 표현되지 않는다.

우리는 너무나 많은 형태의 사회적인 성폭력의 사례들을 알고 있다. 가정폭력, 연인관계에서의 폭력, 아는 관계에서의 성폭력은 모르는 관계에서의 폭력과 비교할 수 없을 정도로 많이 발생한다. 그러나 아는 관계 혹은 가까운 관계의 여성을 살해하거나 때린 이들은 너무 사랑해서, 맘에 들어서, 나를 거절해서, 홧김에, 술김에 등등으로 범행 이유를 포장하고, 이는 폭력이 아니라 '우발적인 치정 사건'으로 법정에서 그럴듯하게 수용된다. 남성의 심기를 건드린 여성이 폭력의 원인을 제공하였다는 취지의 이러한 변명들 안에는 남성과 여성의 계급 차를 여실히 보여주는 여성혐오가 내재되어 있다. 그러나 이러한 '사회적' 여성혐오는 우리 사회 곳곳에서 용인되고 있다.

사이코패스나 묻지마 범죄자들은 이러한 '사회적인' 남성들과 완전히 다른 범주로 구분되는 듯하지만, 이들 사이의 차이란 단지 그럴 듯하게 훈육되거나 용인되는 '사회성'이다. 이들은 남성동성사회의 핵심동력인 여성 타자화는 습득했지만, 학교, 군대, 직장에서 배제되면서 남성 위계에서 최하위를 차지하였기에 여성혐오를 사회적으로 포장하는 방식을 터득할 기회가 충분치 않았다. 여성을 마음대로 다뤄도 된다는 믿음, 이와 같은 이유로 여성을 괴롭히거나 때리거나 죽일 수 있다는 태도는 남성 사회로부터 소외된 남성들에게 마지막으로 유일하게 허용된 권력인 것은 아닐까.

법 앞에서 모든 성별은 평등한가

헌법은 11조 1항에서 '모든 국민은 법 앞에 평등하다.'고 천명한다. 따라서 돈이 많거나 사회적 지위가 높은 사람은 덜 처벌한다거나 가난한 사람은 위험하므로 사회로부터 더 오랫동안 격리한다는 조항은 있을 수 없다. 하지만 우리는 돈이 많거나 권력의 우위에 선 이들이 법을 어겼을 때 이들의 범죄가 아예 수사망 안으로 들어오지 않거나 수사를 받더라도 덜 처벌받는다는 사실을 경험으로 알고 있다. 그런데 법은 개인의 재산이나 가족의 부, 직업적 명예에 따라서만 다르게 적용되지 않는다. 성별은 범죄와 관련된 이들이 지닌 재산이나 권력과 마찬가지로 법적 판결에 중대한 영향을 미친다.

한 예로 가족 관계 내에서 발생하는 살인사건의 형량을 비교해볼 수 있다. 부모의 자녀 살해, 자녀의 부모 살해, 남편의 아내 살해, 아내의 남편 살해. 이 중 어느 유형이 가장 센 처벌을 받고, 어느 유형이 가장 약한 처벌을 받을까? 10여 년 전 연구이긴 하지만, 가족 관계 내 살인 유형의 법원 판결을 비교한 연구에 따르면, 가족 관계에서 발생할 수 있는 살인의 네 가지 유형 중 남편을 살해한 아내가 가장 긴 형량을 받는다. 반대로 남편이 아내를 살해한 경우는 평균 형량이 가장 짧았다. 여성은 가족 중 누구를 죽이든 간에 남성이 가해자인 경우보다 형량이 높다. 부인의 외도는 남편의 아내 살해와 아내의 남편 살해 사건 모두에서 판결에 중요한 영향을 미치는 요인으로 작용하였지만, 남편의 외도는 두 경우 모두에서 중요치 않게 적용된다.[3]

3 손지선, 이수정. 「가족살해 가해자의 특성과 양형요인에 대한 연구」. 『한국심리학회: 사회 및 성격. 21권1호』. 1-17. 2007.

가정폭력처벌법은 가정폭력 가해자를 가정으로 돌려보내 가정을 '유지'하는 것을 최우선 목표로 하고 있어, 가족 외 사람에게 같은 수준의 폭력을 행사했을 경우 실형을 받는 사건도 부부 관계에서 일어난 일이라면 가해자 교육이나 집행유예로 끝나는 경우가 대부분이다. 성폭력 가해자에 대한 처벌이 강화되었지만 그만큼 보호받을 만한 여성과 그렇지 않은 여성을 구분하여 피해 여성이 정숙하다고 판단되지 않을 경우 가해 남성에게 기소유예나 집행유예가 부과되는 경우도 증가하였다. 이렇게 젠더폭력과 관련하여 법 앞에 선 여성은 남성과 평등하지 않다.

강간과 성희롱이 남성들의 놀이로 전유되던 시기에 이를 범죄라고 규정하고, 아내를 때려서 통제하는 남성을 처벌할 수 있도록 법제화하기까지 수많은 피해 여성들과 페미니스트 운동가들의 피와 눈물, 치열한 노력이 필요했다. 지금도 그러하다. 남성들의 놀이문화라거나 사랑의 방식이라며 자행되고 용인되어 온 여성에 대한 성적 대상화나 폭력에 대한 여성들의 문제제기와 공론화가 활발하게 이루어지고 있다. '몰카'로 불리던 불법촬영은 '메갈'이라고 낙인 찍혔던 수많은 여성들의 호소와 투쟁으로 인해 이것이 단순히 표현의 자유나 유흥거리가 아닌, 여성 개인 및 일반에 대한 범죄라는 점이 알려지게 되었다. 연인 관계에서의 폭력, 스토킹의 해악을 알리고 이를 심각한 범죄로서 처벌할 수 있도록 하는 법제화 움직임도 지속되고 있다.

범죄로 규정되지 않았던 여성에 대한 폭력을 범죄로 명시하고 가해자에 대한 엄중한 처벌을 요구하는 것은 중요하다. 그러나 가해자에 대한 법적 처벌 근거 마련, 처벌 강화가 모든 것을 해결해주지는 않을 것이다. 오히려 사이코패스나 묻지마 범죄자에 대한 처벌 강화 요구나 이들을 과도하게 집중 조명하는 미디어의 재현 방식은 젠더에 기반한 폭력이 일어나고 반복되는 사회 구조나 문화의 문제를 보지 못하게 한다. 여성에 대한 폭력이 '괴물'의 범죄인 한, 가해자를 가정으로 돌려보내는 것을 목적으로 하는 가정폭력처벌법이나 삽입을 강간의 기준으로 삼는 성폭력처벌법의 문제는 거론되기 어려울 것이다. 괴물만 솎아내어 버리면 되는 문제인가? 문제는 '그들의 사회'이다.

페미니스트 분들 계시는 자리에 케이팝 틀어도 되나요

- 케이팝, 내가 사랑한 슬픔

복길

그 곡 속에는 어린 시절부터
지금까지 나의 슬픔을 닮은
여자 가수들의 얼굴과 목소리가
그대로 남아 있었다.

복길
텔레비전 보는 것을 좋아해서 방송국에
취직한 직장인이다. 한국의 대중문화, 특
히 케이팝에 관심이 많다.
공연형 케이팝 디제잉 파티인 '슬픔의 케
이팝 파티'를 기획하고 있다. 미디어 산업
속 여성 창작자와 여성 소비자에 관심이
많다.

지금은 면역이 생겼지만, 한동안은 '케이팝'이라는 단어를 이야기할 때마다 속이 부대꼈다. 대학교를 다닐 때 축제에 싸이가 왔었다. 집에 가려고 버스 정류장에 서 있다가 사회자가 '케이팝의 자랑!'이라는 멘트를 했는데, 그때 처음으로 그 조어를 하나의 새로운 개념으로 인식했던 것 같다. 1990년대 후반부터 2000년대 초반까지 활동했던 남성 듀오 '아이돌'과 보이그룹 '케이팝'은 자신들의 그룹명이 어떤 장르를 통칭하는 고유명사가 될 거라고 생각했을까? 아니겠지. 그들과 내가 살았던 시기에는 '최신가요'를 노래방 앞에 붙어있는 이 달의 신곡 차트에서 확인한 뒤 레코드점에서 들어보고, CD를 리핑해서 MP3에 넣거나 소리바다에서 불법 음원 파일을 내려 받던 과도기였고, 모두가 굳이 가요에 '케이'를 넣지 않아도 이 노래는 한국인들만 듣는 한국가수가 부른 한국어로 된 노래라는 합의가 있던 때였다.

어떻게 글을 시작해야 좋을지 많이 고민했다. 내가 갖고 있는 케이팝에 대한 부대끼는 마음을 다른 사람들에게 이해시킬 수 있을까? 케이팝 팬들이 사용하는 가장 큰 커뮤니티는 트위터이고, 나는 그곳에서 수많은 케이팝 팬들을 팔로우해서 나만의 네트워크를 꾸려놓았다. 그들은 왜 케이팝이 듣는 음악이 될 수 없는지에 대해 알고 있고, 그것이 어떤 문제를 야기하는지, 또 그 문제를 해결하기 위해 어떤 대안을 마련해야 하는지에 대해 늘 이야기한다. 그래서 그들만 대상으로 한다면 문제점에 관한 견해 차이와 해결의 딜레마에 대해서만 이야기하면 된다.

그러나 케이팝에 심취하지 않은 다수의 사람들에게 이 질문을 던진다면 그들 대부분은 '듣는 음악 해라. 누가 말렸냐?'라고 할 것이고, 나는 그 대답에 괜히 발끈하여 케이팝의 정의와 역사에 대해 아는 척을 하며 2014년을 기준으로 나뉘는 그냥 케이팝과 유튜브 케이팝의 차이를 말하고, 유튜브가 가능하게 한 케이팝의 세계적 영향력에 대해 읊을 것이다. 그렇게 혼자 열변을 토하다가 갑자기 미간에 주름을 잡고 이 소비 지향적인 문화가 젊은 여성들에게 얼마나 부정적인 영향을 끼치고 있는지에 대해 이야기하려고 들겠지. 끔찍하다.

그런 이야기를 한다면 중간부터는 글을 쓰고 싶은 의지를 상실할 것 같았다. 그래서 나는 그냥 내가 좋아했던 한국 가요들을 고르고, 그 노래를 들으며 생각했던 것과 겪은 일들을 이야기하기로 했다. 읽는 이들은 다소 황당하겠지만 어쨌든 끝까지 할 수 있는 이야기를 하는 것이 중요했다. 내가 기억하는 나의 첫 번째 케이팝은 룰라의 〈날개 잃은 천사〉지만, 더 많은 이야기를 하고 싶은 욕심에 내가 태어나기 전에 발매된 여성 가수들의 노래에서 이야기를 시작하려 한다.

사랑도 못해본 사람은
이은하, 1984

허스키한 목소리를 싫어하는 사람은 세상에 없다. 누군가 싫어한다고 말한다 해도 그건 단지 허스키 보이스를 좋아하기 위한 부정의 단계일 뿐이다. 이은하는 세상에서 가장 완벽한 허스키 보이스를 가진 가수다. 〈아직도 그대는 내 사랑〉, 〈밤차〉, 〈아리송해〉, 〈바람에 구름 가듯〉 등록 음악부터 디스코, 트로트, 재즈, 발라드까지 모든 장르의 노래가 가능했던 천재가수. 1984년 발매된 〈사랑도 못해본 사람은〉은 스물 셋의 나이에 데뷔해 10년 차가 된 이은하가 산울림의 노래를 접하고 무작정 김창완을 찾아가 그를 설득하여 받은 노래라고 한다.

나는 사랑 노래를 좋아한다. 그냥 사랑은 싫고 그냥 노래도 싫다. 오랫동안 잊혀지지 않는 연애 상대는 1984년에 태어난 남자였다. 사랑 노래는 좋은데 사랑이 싫어진 이유엔 그 남자의 몫도 있다. 처음부터 이상했다. 남자는 자기를 '쇼와 시대 사람'이라고 소개했다. 쇼와...? 84년에 대전에서 태어났다는 남자의 도무지 뭐가 어떻다고 평가할 수도 없는 소개 도입에 나는 말문이 막혔다. 대학에 들어가 처음으로 한 소개팅이었는데 정말 최악이었다. 밥을 먹는 내내 그는 혼자 말을 했다. "슈게이징 밴드라고, 제가 좋아하는 음악 장르에요.", "제가 좋아하는 영화 장르는 '스파게티 웨스턴'인데… 혹시 세르지오 리오네라고 아실까요? (…) 모르신다면 클린트 이스트우드는요?", "제가 요즘 관심 있는 건 천문학이랑 기호학… 소시르라고 있는데…" 그가 말하는 그 무엇도 흥미롭지 않았고 나중에는 몹시 기괴하단 생각이 들 정도였다. 하지만 가끔씩 부끄러워하는 얼굴에 호감을 느껴 몇 번 더 만나게 됐다.

한 달쯤 지나서였을까? 예견했던 파국이 시작되었다. 모든 것에 조예가 깊어 내가 보는 영화, 내가 보는 방송, 내가 읽는 책에 사사건건 간섭하던 남자는 결국 내가 듣는 음악 앞에서 인내심이 바닥났다. 차에서 박명수의 〈파이야〉를 들을 때였다. 갑자기 큰 소리로 화를 내며 그런 싸구려 노래 좀 듣지 말라고 했다. 왜지? '쇼와 시대'에 나온 노래가 아니라서인가? 나는 노래를 끄는 대신 이 노래의 작곡가가 '신사동 호랭이'라고 답했다. 그러나 그 남자는 세상이 끝난 듯한 표정을 지으며 "신사동 호랑이든 용감한 호랑이든 당장 끄라고."했다. 나는 음악을 끄는 대신 신사동 '호랑이'가 아니고 신사동 '호랭이'라고 말했고, 남자는 다시 한번 폭발했다. 나는 그 반응이 너무, 너무 재미있어서 더욱 다양한 싸구려 노래를 들었고, 그 시시한 연애는 얼마 못 가 끝이 났다. '싸구려' 음악을 듣는다는 이유로 차인 셈이었다. 틴탑의 〈향수 뿌리지마〉를 듣던 날이었다.

어느 새
장필순, 1989

김현철이 스무살에 작사, 작곡한 〈어느 새〉는 처음부터 장필순을 염두에 두고 만든 곡이라고 한다. '어느새 내 나이도 희미해져 버리고' 나는 이 문장의 뜻을 모르던 때, 친구에게 이 노래를 소개받았다. 1989년 1월엔 일본 왕이 죽어서 연호가 '쇼와'에서 '헤이세이'로 바뀌었고 10월에는 내가 태어났다. 그렇다. 나는 '쇼와 시대' 사람이 아니었던 것이다. 어쨌든 1년이 모자라서 90년대생이 아니게 된 나는 '90'이란 숫자를 앞세운 많은 밀레니얼 세대론 앞에서 여러모로 섭섭했다.

1990년 1월에 태어난 내 친구 수진이가 그랬다. 우리는 전부 뱀띠였는데 혼자 말띠였다. 백말띠. 수진이는 수학을 정말 잘했고, 성격도 다정해서 친구들의 숙제를 전부 도와주는 애였다. 처음 수진이의 집에 간 날도 수학 숙제를 하기 위해서였다. 대문 앞에 있는 화단 벽돌을 들어 열쇠를 꺼낸 수진이가 "아빠가 있을 수도 있어. 내가 먼저 가서 있는지 확인할게."라고 말했다. 나는 현관 앞에 서서 수진이가 나오기를 기다렸다. 방에서 큰 고함 소리가 들렸다. 한참 기다린 끝에 문을 열고 나온 수진이는 여전히 책가방을 멘 채 나에게 말했다. "아빠가 자기 지금 자고 있으니까 친구는 나중에 데려오래." 나는 그냥 그러자고 했고, 그 후로 수진이와 나는 서로의 집을 오가며 노는 가장 가까운 사이가 됐다.

중학교 3학년이었던 2004년 겨울에 수진이는 화성으로 이사를 갔다. 처음 걸려온 전화에서 수진이가 한 말이 잊혀지지 않았다. "〈살인의 추억〉 봤지? 여기 되게 무서운 곳이야. 그래도 올 거냐?" 나는 당연히 가겠다고 말했지만 결국 가지 못했다. 쭉 공부를 잘했던 수진이는 고등학교 3학년 학기 내내 연락이 없다가 대학에 입학했단 사실을 페이스북 메시지를 통해 알려주었다. 대화가 끝난 뒤

페미니스트분들 계시는 자리에 케이팝 틀어도 되나요

아쉽고 애틋한 마음이 든 나는, 괜히 수진이가 '좋아요'를 누른 페이지를 뒤졌고 리스트에 '김윤아'가 있는 것을 보며 반가워했다. 수진이와 나는 중학생 시절 김윤아의 〈봄날은 간다〉를 정말 좋아해서 그 당시 미니홈피에 같은 BGM을 깔아두곤 했었다. 그때 우리는 한 곡을 고른 뒤 계속 연결고리를 찾아 연표를 만들듯이 음악을 들었다. 수진이의 취향은 확고한 편이었다. 심수봉의 〈그때 그 사람〉, 나미의 〈슬픈 인연〉, 이상은의 〈언젠가는〉, 장필순의 〈어느 새〉. 내가 태어나기 전이거나 아주 어릴 적에 발매된 이 곡들은 모두 수진이가 알려준 것이었다.

수진이와 다시 만난 것은 2014년이었다. 오랜만에 만났지만 어색하진 않았다. 어떻게 살고 있는지는 늘 SNS로 보고 있었기 때문이었다. 우리는 분당에서 만났다. 독립된 방이 있는 한정식 집이었는데, 막 취직을 해서 한창 뭔가 으스대고 싶었던 우리가 만나기엔 참으로 적합한 곳이었다고 생각한다. 오징어말랭이, 콩나물무침, 파김치 같은 반찬이 매끈하고 근사한 도자기에 담겨 코스처럼 나오는 곳이었는데 우리는 그 애매함을 애써 즐기며 우리가 서로 알지 못하는 가장 최근의 역사부터 이야기를 해나갔다. 막 들어간 회사의 짜증나는 시스템, 취업할 때 느낀 굴욕감, 고시를 치네 마네 갈등했던 대학교 막 학기의 불안, god의 재결합 이야기, 쇼와 시대에 태어난 남자와의 시시한 연애 이야기, 그리고 갑작스러웠던 수진이의 이사가 아빠의 폭력을 피해서였다는 고백 같은 이야기도. 식사를 마치고 집으로 가는 길에 차 안에서 같이 노래를 들었는데, 그때 수진이는 아이유의 〈너의 의미〉를 제일 좋아하는 곡이라고 했다. 그래서 나는 '니 취향은 여전하구나'라고 했고, 뒤이어 내가 그 당시 좋아하던 씨스타의 〈Give it to me〉를 틀자, 수진이는 '니 취향도 여전하다'고 말했다.

몰래한 사랑
김지애, 1990

중년들을 타깃으로 한 트로트 오디션 프로그램 〈미스트롯〉과 〈미스터 트롯〉은 트로트를 대중화시켜 케이팝 일색의 대중음악 장르를 다양하게 만들었다는 평가를 받고는 있지만, 어디까지나 팬덤의 힘으로 움직이는 케이팝 산업의 동력과 시스템을 트로트 주 소비자층에게 적용한 것에 지나지 않는 것처럼 보인다. '트로트는 좀 더 경건하게 소비되어야 한다' 같은 말을 하고 싶은 것은 아니다. 리메이크와 트리뷰트 무대가 계속되고, 비슷한 류의 프로그램이 속출하며 생긴 피로만 아니라면, 송가인 같은 가수를 알게 해주고, 하춘화, 주현미, 문주란의 노래를 꺼내준 유행에 고마움을 가졌을 거다. 1990년에 발매된 김지애의 〈몰래한 사랑〉을 다시 듣게 된 것도.

다니는 절에 철마다 거금을 납부하던 아빠는 내가 아는 사람 중에 가장 신실한 불자였다. 이름이 크게 나지 않은 깊은 산 속 암자는 아빠와 같은 사람들 몇 명 덕분에 늘 풍족했다. 매끄럽게 포장된 길가엔 색이 하나도 바라지 않은 연등이 촘촘히 메여져 있었고, 고목에 각인한 각 시설의 현판을 통과하면 신자들의 이름이 적힌 작은 불상들이 빼곡했으며, 웅장하게 지어진 대웅전과 그곳을 감싸는 담벼락 위의 기와엔 진득한 윤기가 흘렀다. 막대한 어둠의 재산을 가진 금융 사기범이 몸을 숨긴 대가로 지어준 절은 아닐까? 그런 생각이 가능한 모습이었다.

나는 그 절에 가는 것이 싫었다. 길도 잘 포장해놓고 주차장도 잘 만들어 놨지만, 법당에 가기 위해서는 위험한 돌계단을 몇 백 개 정도 올라야 했다. 모든 시설이 석재와 목재로 튼튼하게 지어져 있었지만 해우소(화장실)는 언제 빠질지 몰라 긴장을 늦추면 안 되는 커다란 재래식이었다. 속세를 한껏 받아들였으나 마치 결정적인 부분에선 수도자의 극기를 추구한다는 그 공간의 모순에 몸서리가 쳐졌다.

아빠와 스님이 식은 차를 앞에 두고 끝이 없을 이야기를 나누는 동안, 나는 공양주 보살 아주머니와 마당에 앉아 진돗개를 돌보거나 옥수수를 먹으며 지루함을 견뎌냈다. 온종일 쉴 틈 없이 홀로 그 큰 절의 살림을 꾸리는 보살님에겐 길쭉한 타원형 오디오가 하나 있었는데 나는 그 낡은 오디오를 통해 김지애의 〈몰래한 사랑〉을 처음 들었다. 가곡처럼 시작하다가 뽕짝처럼 마디마다 꺾이는 멜로디가 웃기고 처연했다. 나는 보살님이 언제쯤 일을 멈추고 나와 놀아 줄 수 있는지 궁금했지만 절에선 함부로 물어선 안 될 것들이 많았다. 곱은 손으로 말린 시래기를 걷던 보살님이 '너랑 나랑 둘이서 무화과 그늘에 숨어 앉아'를 흥얼거렸고 나는 그 노래를 모르면서도 속으로 따라 불렀다. 이제와 누군가 그 절을 왜 그렇게 싫어했냐고 묻는다면 열악한 해우소와 오를 때마다 심장이 터질 것 같은 돌계단 같은 것을 말하지는 않을 것이다.

기억해 줘
이소라, 1996

이소라의 노래는 대부분 레퀴엠처럼 들린다. 그래서인지 그의 팬들은 언제나 그를 조심스럽게 대하며 무언가에 홀린 듯 말한다. 그의 노래는 마음을 무겁게 짓누르지도, 기분을 들뜨게 만들지도 않지만 의식의 가장 깊은 곳에 닿는다. 96년 발매된 이소라의 〈기억해 줘〉는 연인과의 이별을 결심한 여자의 조용한 절규 같은 노래다. 이소라는 헤어짐을 말하는 사랑 노래에 기묘한 고독을 입힌다. 나는 그 노래를 통해서 배웠다. 음악이 자유나 해방감만을 목적하지 않고, 조용히 물에 가라앉았거나 높은 기압에 갇히는 느낌을 위해서 듣기도 한다는 것을.

"너무 똑똑한 여자는 인기 없어." 어떤 말은 속내를 훤히 드러낸 것처럼 보여도, 그 속에 더 깊은 속이 또 있기도 했다. 사람들은 말하는 여자보다는 천진하게 웃는 여자를 좋아했다. '인기가 없다'는 폄하는 똑똑한 여자들에겐 아무런 타격을 줄 수 없었지만, 저 말은 단순히 '인기가 없다'는 사실을 전달하기 위함이 아니라, '내 앞에선 입을 다물'라는 명령의 기술 중 하나였다.

일본으로 떠나기로 한 날 아침이었다. 전날 밤까지 야

근을 했던 우리 팀은 아직 프레젠테이션 준비를 마치지 못했고 새벽에 잠시 집에 다녀온 나는 택시를 탄 채 막히는 도로에 애를 태우고 있었다. '죄송합니다. 조금 늦을 것 같아요' 카톡을 보내니 최 대리가 '괜찮아요. 천천히 조심해서 와요'라는 답을 해줬다. 회사에 거의 도착했을 때 나는 가방 속에 여권이 잘 있는지 살폈다. 열 번 넘게 반복한 행위였지만 그래도 왠지 그렇게 정신없이 바쁜 날은 꼭 여권을 빠뜨리는 저주에 빠지니까. 회의실에 도착하니 단정히 정리된 분위기 속에서 부장이 이것저것 말을 늘여가며 설명을 하고 있었다. 어수선하고 분주한 모습으로 자리에 앉으니 꼭 방해꾼이 된 것 같아 불편했다.

모두가 예민한 상태였다. 일본 현지 발표를 맡은 최 대리는 우리 중 능력도 능률도 준비성도 단연 1등인 유능한 사람이었다. 그러나 최 대리는 결혼을 앞둔 예비 신부였고, 보름 내내 혼자서 해외 컨퍼런스를 준비하느라 히스테리가 극에 달해 있었다. 브리핑이 시작되자 나는 최대한 최 대리의 눈에 거슬리지 않으려고 눈을 동그랗게 뜨고 고개를 끄덕이며 장단을 맞췄다. 그런데 여태껏 우리 프로젝트를 들여다본 적 없던 손 부장이 갑자기 하나마나한 질문들을 던지기 시작했다. 상사의 말이니 고분고분 대답하던 최 대리의 인내심도 공격에 가까운 물음에 바닥이 났고 결국 대답에 지쳐 긴 한숨을 뱉았다. 분위기가 얼어붙었다. "내가 무슨 실언이라도 했니?" 당황한 손 부장이 나를 쳐다보며 말했다. 참 나. 비겁하기는. 나는 아무 제스처도 취하지 않으려 고개를 숙이고 바닥을 쳐다봤다. "다들 잠시 나가 있자. OO(최 대리의 이름)이 잠깐 남고."

내가 자리로 돌아와 앉은 지 10분도 채 되지 않아 최 대리는 울면서 회의실을 나왔다. 뒤따라 나오던 부장이 사무실 전체에 고하듯이 말했다. "여자 직원이라고 봐주는 거 없어! 지 잘난 맛에 사는 것도 다 옛날 말이야. 요즘 세상에 잘나지 않은 사람이 어디 있어? 겸손해야 돼 사람은." 손 부장은 대체 혼자서 무슨 분이 쌓인 건지 알 수 없는 말을 이어 붙였다. "여자, 여자 한다고 다 성차별인가? 이건 그냥 능력의 문제지." 발표자는 김 과장으로 바뀌었고 손 부장은 출국장에서 모두에게 "실언을 해서 미안하다"고 사과했다. 최 대리는 출장 내내 아무 말이 없었다.

ID; PEACE B

보아, 2000

　나는 나를 '밀레니얼'보다는 '보아 세대'로 부르는 편이 더 적합하다고 생각한다. 2000년 만 열세 살의 나이에 당시 최고의 전성기를 구가하던 소속사에서 〈ID; PEACE B〉라는 제목의 노래로 데뷔한 10대 청소년 가수가 숱한 루머와 음해를 이겨내고 타국 음반 시장에서 활약한 뒤 성공적으로 귀국하여 '아시아의 별'이 되는 과정은 밀레니얼들의 유년 시절에 드리운 우상의 그림자 같은 것이었다. 보아가 부단한 노력으로 이른 나이에 일궈낸 성공담은 언제나 나를 조바심에 빠지게 했고 동시에 '나도 해낸다'는 목표가 불분명한 고양을 만들어주기도 했다.

　초등학교 3학년 때 나는 이미 컴퓨터 중독이었다. 엄마는 학습용 백과사전과 '레이맨'같은 CD게임을 하고 있는 줄 알았겠지만, 나와 내 친구들은 채팅방의 세계에 빠져 있었다. 처음엔 퀴즈방을 들어갔다. 'ㅁㅅㄱㅇㄷㅁㅇ'무슨…것을…어디…마요… 혼자 생각하고 있으면 '미술관 옆 동물원!'이라 외치는 사람들이 있는 곳. 계속 맞추질 못하니 그냥 나와서 '10대있냐'라는 제목의 방을 들어가지만 10대는 역시 재미없다는 사실만 깨달은 채 대화 종료를 누르는 그 곳.

컴퓨터로 모르는 사람과 이야기를 나누는 짜릿함… 그 것은 초등학생이 절제할 수 있는 것이 아니었다. 내 인생 첫 번째 아이디는 영어학원에서 지어준 'sally'라는 이름 에 집 전화번호 뒷자리 '7566'을 붙여 만든 것이었다. 샐 리7566은 학원도 가지 않고 커뮤니티에 상주했다. 어항을 만드는 커뮤니티에 가입했고, 연예계 뒷소문을 알려주는 게시물을 구독하기도 하고, '4050 연인들'이란 대화방에 서 '너 초딩이지?'란 소리에 도망치기도 했다. 샐리7566 의 컴퓨터 중독은 맞벌이하는 부모님의 방관과 그것을 호 재라 여긴 영악함 덕분에 날로 악화되어 갔다. 샐리7566 은 덕분에 반에서 가장 컴퓨터를 잘하는 학생이 되어 있 었다. 그러던 어느 날 샐리7566은 채팅방 대기실에서 이 상한 쪽지를 받게 되었다. 닉네임 '버섯돌이'가 보낸 메 시지였다. '섹스할래?'

샐리7566은 열한 살이었다. 가슴이 두근거렸다. ESC 버튼을 눌러도 메시지가 계속 왔다. '몇 살?', '개보지 년', '물많아?', '빠구리'. 샐리7566은 처음으로 엄마의 잔소리 없이 인터넷과 컴퓨터를 종료했다. 죄를 지은 것 같은 마음이 들어서 그날 밤엔 밥도 먹지 못했고, 그 후 로 한동안 인터넷을 하지 않았다. 사춘기를 겪고, 섹스

를 하고, 음담패설에 익숙해지고, 인터넷에 규범이란 것
이 생긴 뒤에도 왜인지 그 순간에 내가 느낀 당혹스러움
은 쉽게 사라지지 않았다. 그때 만든 ID는 금기로 봉인하
여 단 한 번도 다시 쓰지 않았다. 하지만 이제는 안다. 샐
리7566이 잘못한 것은 없다는 사실을.

성인식

박지윤, 2000

박지윤의 1,2집 앨범을 멜론 스트리밍 사이트에서 들을
수 있게 된 것은 2016년이었다. 나는 매일 댓글창에서 수
많은 사람들과 마찬가지로 '저작권자와의 원만한 해결을
부탁합니다'를 적었다. 비음이 섞인 몽롱한 음색에 바지
정장을 입고 뻣뻣한 안무를 추는 고등학생 가수. 〈하늘색
꿈〉, 〈소중한 사랑〉, 〈Steal Away〉 박지윤이라는 가수의
오리지널리티로 완성되는 이 곡들은 10대 시절에 내가 텔
레비전으로부터 받은 가장 좋은 영향 중의 하나였다.

옆이 트인 랩 스커트와 선정적인 안무, 비트 전체를
'공기 반 신음 반'으로 과감히 채운 음악, 온갖 성적 메타
포로 가득한 뮤직비디오. 2000년 박지윤의 〈성인식〉이 발

매되었을 때 휘몰아치듯 세상에 나온 것들이다. 노래는 좋았고, 춤은 센세이션 그 자체였다. 금방 인기곡이 된 덕분에 예능 프로그램에서 수없이 패러디 되었고 어느 장기자랑을 가도 늘 '성인식'조가 있었다. 박지윤이라는 가수의 새로운 아이덴티티는 매우 낯설었지만 그냥 받아들여야 하는 것이었다.

대안학교에 다닐 때 한 선생님이 멘토링을 위해 자주 오던 대학생 언니의 성인식을 축하하며 장미 꽃다발과 작은 전통술잔을 선물했다. 나는 속으로 생각했다. '성인식에 장미 한 송이를 준다는 의미는!?' 지식과 경험의 대부분을 텔레비전에서 습득한 나는 산뜻하고 귀여운 성인식 세레모니를 잠깐이나마 불순하게 의심했다.

'성인이 된다'는 의미는 뭐였을까? 박진영이 만들고 박지윤이 부른 〈성인식〉에 따르면 나는 투표권도 발언권도 없고 인격으로 존재하지 않는 소녀일지라도, (섹스할) 준비가 됐으니, (섹스를) 허락한다는 마음을 가질 때면 성인이 되는 것이었다. 아니, 10대 때 겪고 보았던 숱한 더러움들을 떠올리면 이런'성인식' 정도면 꽤 괜찮은 편이라 말해도 좋았다. 어쨌든 소녀가 직접 '허락'을 하지 않나? 이것도 아마 어떤 남자의 망상이겠지만. 나는 그때부터 궁금한 게 많아졌다. 여자 가수들이 대부분 자신의 성

적 욕망에 대해 말했고 어떤 판타지의 대상이 되는 것에
거리낌이 없었기 때문이다. 나는 그들의 무대에서 느껴지
는 괴리감을 어떻게 처리해야 좋을지 몰랐다. 모든 것을
맥락 밖에서 단순하게 받아들일 수 있었다면 좋았을 텐
데. 여자가 이루고 싶은 수많은 욕망들 중에서 '대상화가
되고 싶은 욕망'만이 늘 앞서 있는 것 같았다. 너무나 수
상했다.

미쳐
이정현, 2001

　내가 처음으로 가입한 팬클럽은 풍선 상징색이 금색이
었던 이정현 팬클럽 'Feel이야'였다. 잡지를 사면 주는 대
형 브로마이드를 얻기 위해서 폭우가 쏟아지던 날 대형
서점이 있는 곳까지 걸어갔던 기억은 텔레비전에서 이정
현을 볼 때마다 기분 좋게 피어난다. 2000년 한국 밀레니
얼을 상징하는 이정현의 〈와〉를 두고 사람들은 흔히 '굿'
이라고 이야기했다. 테크노를 '오리엔탈'이라는 정체모를
키워드로 재해석한 노래는 진짜 작두를 탈 때 나오는 기
묘한 악곡 같았고 그 무대에서 이정현은 정말 신이 든 것

처럼 날뛰었다. 치렁치렁한 긴 생머리, 가녀린 체구, 근사한 비단옷과 거대한 비녀, 눈알이 그려진 섬뜩한 부채와 새끼손가락에 낀 마이크. 이정현은 그야말로 제를 지내기 위해 만발의 준비를 하고 등장한 무녀였고, 나는 바로 그 점 때문에 그의 팬이 되었다.

2000년을 한국에서 보낸 사람이라면 모두 각자의 이정현이 마음속에 있을 것이다. 광녀나 무녀 같은 것으로. 그런가 하면 나처럼 전사로 그를 기억하는 사람도 있을 것이다. 이정현은 갑옷을 개조한 옷을 입고 '바꿔, 바꿔, 모든 걸 다 바꿔!'라는 노래를 부르거나(〈바꿔〉), 가느다랗게 찢어지는 목소리로 '혹시나 우리의 사랑이 끝나면 어떡해'하며 슬퍼하다 돌연 우렁찬 목소리로 '뭣하러 나를 떠나냐'며 상대에게 저주를 퍼붓고(〈와〉), '아무리 멀리 있어도, 아무리 오래 걸려도, 돌아올 그날까지 기다릴 거'라며 선전포고를 했다(〈미쳐〉). 내 기억 속 이정현은 한국에서 가장 전투력이 강한 가수였고, 나는 바로 그 점 때문에 그의 팬이 되었다.

2009년엔 등산을 했다. 매일 텀블러를 씻고 매일 운동화를 털고 매일 운동복과 수건을 세탁하고 매일 같은 시간에 산에 갔고 가끔 산 밑 식당에서 도토리묵밥을 먹었다. 여유로운 것처럼 느껴지지만 산행은 전투적인 일이었다. 중턱까지는 완만한 경사가 되지만 어느 순간부터는 계단길이 이어지고 코스를 잘못 타면 가지를 헤쳐가며 바위와 바위를 밟는 길이 나타나기도 한다. 그런 행위에서 철학을 터득했다면 얼마나 좋았을까. 나는 그저 우울을 잊기 위한 광기에 사로잡혀 있었다. 발을 접질려도 몸살에 걸려도 산에 갔다.

아빠의 사업이 힘들어지면서 당시 중학생, 고등학생이던 동생들은 의사에 관계없이 뿔뿔이 흩어졌다. 엄마는 별 거 아닌 것처럼 말했다. '쓸데없이 마음 쓰지 말고 니 할 일이나 잘 해라' 충고대로 학교를 열심히 다녔지만 학부 수업은 하나도 재미가 없었다. 매일 등산에 다녔지만 생각만큼 몸이 건강해지진 않았다. 밥을 굶고, 특강을 듣고, 등산에 갔다가, 저녁엔 주스가게에서 아르바이트를 했다. 매일 같은 일상을 반복하면 우울함을 이겨낼 수 있을 거라 생각했다. 가게의 마감조였던 나는 버스 정류장에서 버스를 기다리다 나보다 열 살 언니였던 사장님을 마주쳤는데 사장님은 나를 알아보자마자 달려와서는 "너 안색이 너무 안 좋아!"하고 안아주었다. 나는 그 자리에서 펑펑 울었다.

Pick Me

프로듀스101, 2015~

〈나는 네가 지난 여름에 한 일을 알고 있다〉나 〈스크림〉, 〈여고괴담〉 같은 하이틴 호러 영화를 볼 때마다 어린 애들이 철없는 짓 좀 했다고 저렇게까지 못살게 굴어야 하냐는 생각을 했다. 어른의 경고를 어기고 공동체의 룰을 어기는 청소년을 초자연적으로 응징하자! 왜. 대체 왜. 어떤 이유에서 그러는 것인가? 거기다 소름 끼치게도 이 서사들은 번번히 어딘가 미스터리하고 관능적인 혹은 병약한 소녀에게 키를 줬다. 미친놈들. 하지만 내가 닭살이 돋든 말든 이런 시리즈에 나온 젊은 배우들은 대부분 스타가 됐고, 영화는 모두 흥행했다. 반항적이고 자신만만하던 청춘의 모습이 처참하게 일그러지기까지 했으니 당연한 결과인지도 모르겠다.

2015년부터 2018년까지 엠넷에서 방영된 〈프로듀스101〉은 하이틴 호러 영화의 문법을 그대로 따른다. 내용이야 어쨌든 스타만 만들면 되지. 처음엔 이 외적인 목표를 달성하기 위해 그런 척만 하는 줄 알았다. 방영 1회만에 나는 장담했다. 이 프로그램만큼 악랄한 귀신이 등장하는 영화는 없다고. 이 시리즈에 가장 짙게 깔려 있는 정서는 '감히 너 따위가 하라는 공부는 안하고 주제넘게 아이돌을 꿈꿔?'인데, 방송은 이 메시지를 감추고 싶은 의지도 없이 온갖 허술한 트릭을 사방에 깔아 놓는다. 트릭은 대부분 정신을 피폐하게 만드는 혹독한 트레이닝과 지나치게 직설적인 충고들이며 벼락같이 화를 내고 다시 사과를 반복하는 변태적인 대목이다. 매일 시험을 치르고 등급을 나누고 낙오하면 손수 일기를 쓰게 만들어 강제로 성찰을 시킨다. 그러나 이 방송의 가장 광기 어린 부분은 그렇게 자신을 끝없이 성찰하게 만든 뒤에, 성취나 실력, 노력 여부와 관계없이 오로지 인기투표만으로 운명을 결정한다는 것이었다.

　-반성했냐? 성찰했어?

　-네.

　-그래 잘했다. 그럼 죽어.

여기까지는 잘 만든 호러 영화라고 생각할지도 모르겠다. 그러나 청년들에게 죽음으로 깨우침을 알려주던 이 잔혹한 영화의 결말은 가히 충격적으로 허접했다. 사실 이 모든 것은 한 볼품 없는 사이코패스가 신을 빙자해 구원과 심판을 자처하고 때로는 청부 살인까지 자행한다는 의미도, 재미도 없으며 출연한 배우조차 스타로 만들지 못하는 사상 최악의 반전이었던 것이다.

〈프로듀스101〉의 투표 조작 사실이 발표되고 제작진이 실형을 선고받은 후 얼마 지나지 않아 엠넷은 또다른 아이돌 서바이벌을 유통했다. 형식상 사과도 했고 꼬리도 잘라 냈으니 거리낄 것은 없었다. 오히려 문제가 생기면 이렇게 하면 된다는 솔루션을 터득한 셈이었다. 가장 직접적인 피해를 입은 참가자들은 소속사와 방송사의 묘한 권력 차이와 책임 회피 속에서 어떤 보상도 받지 못하고 어떤 문제 제기도 하지 못한 채 입을 닫았다.

　나는 아직까지도 '〈프로듀스 101〉 투표 조작 사태'가 심각성에 비해 너무 쉽고 빠르게 묻혔다는 생각이 든다. 공정성이 무엇보다 중요한 선거와 투표라는 시스템을 선택한 뒤, 청년들이 가진 꿈을 담보로 하여 시청자들에겐 권력을 쥐어주고, 그것을 통해 자신들은 이익을 창출한다. 그러나 이 방송은 민주주의와 자본주의 원칙과도 같은 이 모든 가치를 위배했다. 접대와 거래를 통한 부정투표엔 공정성이 없었고, 그렇기에 청년들의 꿈 따위는 애초부터 고려 대상도 아니었으며, 바보 같은 시청자들에게 대충 쥐어준 가짜 권력을 가지고 자신들이 아름다운 케이팝 문화를 만들고 있다 생색을 냈으며 그걸로 막대한 돈까지 벌어들였다. 사회를 지탱하는 정의의 총체들을 이렇게까지 한 번에 박살내는 것은 정말 어려운 일이다.

LION
(여자)아이들, 2020

　2020년 (여자)아이들의 〈LION〉은 어린 소녀가 주변의 비아냥이나 음해를 이겨내고 왕이 된다는 이야기다. 곡을 만든 (여자)아이들의 멤버 전소연은 멤버 각자에게 어울리는 파트를 분배하고 수많은 하이에나 사이에서 사자왕으로 등극하는 퍼포먼스를 기획한다. 초원을 달리며 사자를 호위하듯 네 발로 달리는 하이에나, 직접 왕관을 쓴 채 '무엇도 우리를 길들일 수 없다'고 말하는 사자. 사랑을 갈망하는 모호한 은유도, 4차원 소녀처럼 엉뚱한 말을 내뱉는 알쏭달쏭한 가사도 없이 그저 힘에 대한 욕망으로 질주하는 그 무대를 통해 나는 처음으로 '보는 케이팝'의 기쁨을 알았다.

　'아직은 때가 아니다' 나는 많은 발상과 시도들이 받아들여지지 않는 경험을 할 때마다 저 말을 들었다. 도대체 '때'를 정하는 것은 누구였을까? 2015년엔 유명한 방송국의 국장이 여자 연습생 서바이벌 제작발표회에서 '남자들이 건전하게 볼 수 있는 야동을 만들고 싶었다'라는 말을 했다. 프로듀서의 한 마디 말은 방송을 보는 내내 '초이스'를 운운하던 직장 상사를 떠올리게 만들었다. 나는 그가 '때'를 미루는 사람임을 직감했다. 나는 스스로의 힘에 도취된 사람이 끌어내린 선을 밟고 한참동안 허탈했다. 그가 말하던 '때'는 영원히 오지 않는 것이었다.

1998년엔 S.E.S의 〈I'M YOUR GIRL〉을 들었고, 1999년엔 핑클의 〈영원한 사랑〉을 들었다. 베이비복스의 〈배신〉이나 샤크라의 〈한〉 같은 노래도 명곡이었다. 스무살엔 원더걸스의 〈텔 미〉가 신드롬에 올랐고 캠퍼스에는 '태연시대', '서현시대'니 하는 남자들이 우글거렸다. 그들은 〈GEE〉 같은 노래를 떼창하고 그랬다. 카라의 〈미스터〉도 좋았고 애프터스쿨의 〈DIVA〉도 2NE1의 〈내가 제일 잘 나가〉도 마냥 다 좋았다. 마침내 케이팝을 전 세계가 들을 때에도 좋은 곡들은 계속 나왔다. 트와이스, 블랙핑크, 레드벨벳… 어쩜 이런 노래도 다 있구나. 좋아서 듣는 음악엔 딱히 질문이 없었다.

그게 내 방패였다. 케이팝 문화가 무엇인지 감을 잡고, 걸그룹에게 요구되는, 걸그룹이 내놓는 이미지들이 어떻게 현실과 이어지는지 체득한 뒤에도 나는 일부러 순진한 척을 했다. '나는 뮤직비디오도 무대도 안 봐. 그 케이팝이 갖고 있는 유해한 코드 같은 것에 왜 시간 낭비해? 성적 대상화 같은 것도 그냥 안 보고 듣기만 하면 모르는 건데. 케이팝은 그냥 JUST FOR FUN! 그냥 음악만 들어! 왜 다들 나처럼 쿨하지 못해?'

내가 이렇게 얼치기 같은 말을 주절거리는 동안에도 더 속지 않는 것을 택한 사람들은 케이팝이라는 문화 권력의 흐름을 따라 주체가 누구인지 끊임없이 의심했고, 어떤 이들은 그 권력의 말단에서 또다른 을로 존재하는 아이돌 멤버들을 지키는 것을 선택했다. 한국 여자들은 하루빨리 이 음악과 거리를 둬야 한다고 하는 이들도 있었고, 더욱 집요하게 감시해야 할 필요성을 말하는 이들도 있었다. 어떤 사람은 우상화를 경계하자 말하면서도 여자들만의 계보가 필요하다고 말하기도 했다. 나는 이 시끄러움에 잠깐씩 끼어 소리를 내다가 그냥 소음에 잠긴 채 이어폰 볼륨을 올렸다.

나는 '슬픔의 케이팝 파티'라는 케이팝 디제잉 파티의 기획을 맡고 있다. 언젠가 공연이 끝난 뒤 매거진과 인터뷰를 하다 '슬픔의 케이팝 파티'라는 세 단어 중에 어디에 방점이 찍혀 있냐'하는 질문을 받았었다. 나는 '슬픔'이라고 말하고 싶었지만, 디제이는 '파티'라고 말하고 싶어했다. 생각을 좀 더 하니 공연에 오는 사람들은 '케이팝'이라 말할 거란 생각이 들었다. 명확한 답을 내리지 못한 나는 '셋 다 전혀 섞이지 않고 각자 따로 노는 것이 이 파티의 의의'라고 답했다. 그때는 대중가요에 투사한 내 개인적인 슬픔이 '케이팝'의 문제로 확장될 수는 없고, 그것이 '파티'가 되어서는 더더욱 안 된다고 생각했다.

그런데 올해 여름, 집에 갇혀서 새로 산 스피커로 〈LION〉을 다시 들었는데 이상한 기분이 들었다. 그 곡 속에는 어린 시절부터 지금까지 나의 슬픔을 닮은 여자 가수들의 얼굴과 목소리가 그대로 남아 있었다. 그런데 어쩐지 그 흔적들이 더 이상 불길하지 않게 느껴졌다. 어렴풋이 새로운 인식이 생겼다. 기다리지도 주저하지도 않고 스스로 '때'를 만들기 위해 여자들이 피워내는 소란이 나의 슬픔을 스스로 안전하게 다스릴 수 있게 만들어주고 있다는 사실을. 이것은 아마도 케이팝에만 국한된 이야기는 아닐 것이다.

당신의 성별을 증명하시오

박한희

모든 개인은 자유롭고 존엄한
존재로서 각자의 삶을 살아간다.
트랜스젠더 역시 마찬가지다.

박한희
공익인권변호사모임 희망을만드는법 변
호사.
(최초의 오픈한) 트랜스젠더 변호사라는
타이틀에 부담을 느끼며, 언젠가는 이런
수식어 없이 그냥 고양이와 함께 뒹굴거
릴 나날을 꿈꾸는 사람.

"여자분인 줄 알았는데 남자였네."

최근 친구들과 택시를 타고 이동하는 일이 있었다. 별 생각 없이 조수석에 앉아서 뒷좌석의 친구들과 이런저런 이야기를 하고 있을 때, 기사분이 나에게 "여자분인 줄 알았는데 남자였네."라고 말했다. 사실 트랜스젠더 여성[1]으로 살아가다 보면 이런 일들은 수없이 마주한다. 특히 화장 등을 하지 않은, 소위 '여성적'으로 꾸미지 않고 밖을 돌아다니다 보면 으레 이런 이야기를 듣곤 한다. 그럴 때마다 당황스럽고 또 짜증도 나지만 그 상황에서 딱히 뭐라 반응하기도 애매하다. 그저 아무런 대꾸도 하지 않고 묵묵히 있는 수밖에.

이런 이야기를 들으면 내 목소리가 낮고 굵은 소위 전형적인 남성의 목소리인 것처럼 느껴질지도 모르겠다. 하지만 상황은 보다 더 복잡하다. 목소리로 인해 내가 (법적)남성이라는 것이 의심받는 상황도 발생하기 때문이다. 가령 카드사나 은행에 전화를 해서 업무를 처리하려 하면

---

1 출생 시 지정된 성별은 남성이지만 자신을 여성으로 정체화한 사람을 말한다. MTF 트랜스젠더라고도 한다. 반대로 출생 시 지정된 성별은 여성이지만 자신을 남성으로 정체화한 사람은 트랜스젠더 남성 / FTM 트랜스젠더라 한다.

몇 차례나 신분확인을 요구받는다. 급기야는 통화만으로는 신원확인이 안되어서 주민등록증 발급일을 불러주고서야 진행이 된 경우도 있다.

이와 같이 '목소리' 하나로 때로는 여성임이 의심받고, 때로는 남성임이 의심받는 상황은 나의 경험이지만, 또한 나 개인만의 경험도 아니다. 살아가면서 타인의 성별을 파악하기 어려워 궁금해 하거나, 또는 누군가에게 성별에 대한 질문을 받는 경험들을 여기저기서 찾아볼 수 있다. 이러한 경험들은 무엇을 의미하는가? 바로 성별性別이라는, 많은 사람들이 너무도 당연해서 별도로 정의내릴 필요조차 없다고 생각하는 개념이 실제로는 여러 상황과 조건, 맥락에 따라 다르게 판단되고 인식될 수 있음을 의미한다.

실제로 누군가의 성별을 구분하고 판단하는 일은 그렇게 당연하게 이루어지지 않는다. 많은 경우 성별의 표지라고 인식되는 외모, 머리 모양, 목소리, 체형, 옷차림 등은 정확히 둘로 나누어지지 않으며 때로는 여러 표지가 뒤섞이며 또한 손쉽게 변경이 가능하다. 유전자, 염색체와 같은 생물학적 기준은 어떠한가? 이러한 특질은 현재까지는 변경할 수 없는 것은 맞지만 이 역시 두 가지 종류로 나뉘는 것도 아니다.[2] 사람들 중에는 XXY의 염색체, XX와 XY가 섞인 염색체 형태를 가진 경우도 있고, XY 염색체이나 신체외관상으로는 '통상적인 여성'의 모습을 가진 경우도 존재한다. 이런 사람들을 인터섹스[intersex]라 하는데, 인구의 최대 1.7%가 인터섹스로 추정된다. 우리는 실제로는 타인의 염색체를 알지도 못하며 사회생활에서 이를 기준으로 성별을 판단하지도 않는다.

하지만 그럼에도 많은 사람들은 성별을 손쉽게 구분할 수 있다 믿으며 또 구분하려 한다. 그 이유는 이 사회는 성별이라는 범주에 따라 법적 신분, 인간관계, 외관, 심지어 어릴 때 갖고 노는 장난감조차 달라지는 그러한 사회이기 때문이다. 그리고 이렇게 성별에 따른 구분을 강요하는 사회 속에서 이분법적 성별에 맞지 않는 사람들은 소외와 배제를 겪는다. 나와 같은 트랜스젠더들도 그 중 하나이다. 물론 성별이분법과 갈등을 겪는 존재가 트랜스젠더만이 아니며, 거의 모든 사람들은 크든 작든 성별규범과 갈등을 겪는다.[3] 이 글에서는 트랜스젠더를 둘러싼

2   "Free &Equal Campaign Fact Sheet: Intersex". United Nations Office of the High Commissioner for Human Rights. 2015

3   루인, 「젠더를 둘러싼 경합들 gender dysphoria: 트랜스/젠더정치학을 모색하며」, 『여/성이론』 통권 제15호, 2006, 289-204쪽.

여러 말과 질문들을 살펴보기로 한다.

스스로 정체성을 만들어가는 사람들

"이렇게 (여자처럼) 생겼으니 트랜스젠더라고 할 만하지."
"그런데 너는 트랜스젠더처럼 안 생겨서 몰랐어."

위 두 가지 이야기는 실제로 내가 주변 사람들에게 커밍아웃을 한 후 들은 이야기들이다. 두 가지 이야기가 서로 모순되는 것처럼 느껴진다면 이는 당연한 일이다. 위두 가지 이야기를 꺼낸 사람들이 각각 생각하는 트랜스젠더의 이미지가 상당히 차이가 나기 때문이다.

트랜스젠더, 성전환자, 트젠 등등… 2001년 하리수씨의 데뷔 이후 20여 년이 흐른 지금 한국사회에서 트랜스젠더를 가리키는 위와 같은 용어들은 이제 어렵지 않게 찾아볼 수 있다. 그러나 실제 트랜스젠더는 누구이고 어떤 사람들인지에 대한 질문을 던졌을 때 이에 대한 분명한 대답은 아마 쉽게 나오지 않을 것이다. 현재까지도 트랜스젠더가 이해되는 방식은 미디어나 인터넷을 통해 축소되고 왜곡된 단편적인 이미지에 불과하기 때문이다. 미디어, 인터넷 커뮤니티를 통해 묘사되는 트랜스젠더의 모습은 대개 두 종류이다. 한편에서는 연예인, 미인대회 등으로 대표되는 소위 '여자보다 예쁜' 사람들로 묘사되고, 다른 한편에서는 자신을 여성이라 생각하나 신체적으로 어쩔 수 없이 남성적 특징을 드러내는 '티가 나는' 사람들로 묘사된다. (한편으로 트랜스젠더 남성에 대해서는 거의 언급조차 되지 않는 것도 특징이다. 최근의 인구학적 조사에 따르면 트랜스젠더 남성과 여성의 비율은 그다지 차이가 없지만, 그럼에도 한국에서 트랜스젠더 남성은 거의 무시되고 심지어 존재 자체를 상상하지 못하는 경우도 많이 있다.)

그렇다면 실제 현실에서 살아가는 트랜스젠더들의 모습은 위 두 가지 이미지 중 어디에 해당할까. 사실 둘 다 맞기도 하고 틀리기도 하다. 사람들이 모두 서로 다른 개성을 지닌 것처럼 트랜스젠더 역시 외모, 성격, 행등 등 모든 면에서 다양성을 지닌 사람들이다. 트랜스젠더로 명명되는 사람들은 동시에 성별, 연령, 장애유무, 인종 등등 수많은 요소들에 의해 서로 다른 삶을 살아간다. 그렇기에 겉으로 드러나서 트랜스젠더라는 집단을 식별하게 하는 공통의 표식은 존재하지 않는다. 그럼에도 트랜스젠더라는 범주를 가능하게 만드는 공통된 기준을 찾아본다면 그것은 바로 '지정성별'이라는 개념이라 할 것이다.

지정성별은 인간이 출생 시에 어느 한 가지로 지정되어진 성별gender assigned at birth을 말한다. 왜 법적 또는 생물학적 성별이 아닌 지정성별이라는 용어를 사용하는가 하면, 성별이 지정되는 과정 자체가 당연한 결과에 의한 것이 아닌 이분법적 성별에 따른 관념에 의한 것임을 나타내는 개념이기 때문이다.

그러면 실제 인간의 출생 시 성별은 어떻게 지정되는가? 현대의학은 인간의 성별이 다음과 같은 8가지 요소를 종합적으로 고려하여 정해진다고 본다. ① 염색체 ② 생식기관 ③ 내부 생식기 ④ 외부 생식기 ⑤ 호르몬 ⑥ 2차 성징(체모, 유방) ⑦ 사회적인 양육 ⑧ 성별정체성이다.[4] 하지만 실제 사람이 태어나면 위 8가지 요소를 모두 검사하기보다는 겉으로 드러나는 외부성기 형태에 따라 남자인지 여자인지가 결정된다. 스스로의 성별에 대한 내면의 인식인 성별정체성은 전혀 고려되지 않는 것이다. 한편, 외부성기만으로도 성별을 판단하기 어려운 경우들이 종

---

4 Greenberg, J. "Defining male and female: Intersexuality and the collision between law and biology". Arizona Law Review, 41, 1999, 278쪽.

종 있다. 그렇기에 의사 등이 작성하는 출생증명서의 성
별란에는 '남', '여' 외에 '불상'이라는 항목이 존재한다.

그럼 이렇게 불상의 성별을 부여받은 신생아의 성별은
그대로 정해지는 걸까? 하지만 우리 모두가 알고 있듯이
한국의 신분체계에 제3의 성별은 존재하지 않으며, 주민
등록번호를 부여하기 위해 관공서에 제출해야 하는 출생
신고서에는 증명서와는 달리 성별불상이라는 항목이 없
다. 그 결과 모든 신생아는 결국은 부모 또는 의사가 지
닌 성별이분법적 관념에 따라 남/여 어느 하나의 성별로
지정되고 그에 따라 자라난다. 그리고 그 과정은 때로는
신체침해를 동반한다. 외부성기가 한쪽 성별의 특징에 명
확히 맞지 않는 신생아에 대해 '교정'을 목적으로 불필요
한 수술이 행해지곤 하는 것이다.[5]

사람의 성별은 당연하고 선험적으로 결정되는 것이 아
니다.[6] 이는 외부성기라는 외적인 요소와 남녀는 구분된
다는 이분법적 관념에 의해 임의로 정해지는 것이며 그
과정에서 해당 성별로 살아가야 되는 당사자의 의사는 전

5   청킹, "'인터섹스'로서 느끼는 내 존재의 무게'. 〈일다〉, 2018. 8.
    30.

6   소위 생물학적 성별도 스펙트럼이라는 것에 대해서는 윤정원, '[몸]
    섹스도 젠더도 스펙트럼이다', 〈성적권리와 재생산 정의를 위한 센
    터 셰어 이슈페이퍼〉, 2020. 2. 29 참조

혀 반영되지 않는다. 그렇기에 많은 사람들이 성장해가면서 지정된 성별에 갈등을 겪고 불화하는 것은 어쩌면 당연한 일이다. 이러한 갈등, 불화에는 사회적으로 요구되는 성별에 따른 외관, 역할 등에 대한 불편함부터 자신의 신체에 대한 위화감까지 다양한 스펙트럼이 존재한다. 그리고 이러한 스펙트럼의 어느 한 쪽에 서 있는 사람들이 바로 트랜스젠더이다.

다시 첫 질문으로 돌아가서 그렇다면 트랜스젠더는 누구인가? 일반적인 정의에 의하면 '출생 시 지정된 성별과 다른 성별로 자신을 정체화한 사람'을 말한다. 나는 여기에서 조금 더 설명을 추가하고 싶다. 트랜스젠더란 '(외부성기와 성별이분법에 의해 임의로) 지정된 성별과 갈등, 불화를 겪고 그와는 달리 스스로를 정체화해 나가는 사람'이라 할 것이다.

당신의 성별을 증명하시오

"왜 자신을 여성/남성으로 생각하나요?"

지정성별과 불화하는 삶을 살아가면서 트랜스젠더들이

가장 많이 듣는 질문 중 하나이다. 나 역시 사람들 앞에서 이야기를 하다보면 종종 이런 질문을 받는다. 얼핏 간단해 보이는 질문이지만 막상 대답하기는 쉽지 않다. 여기에 답을 주기에 앞서, 이 글을 읽는 분들이 먼저 한번 생각해보기 바란다. 나의 성별에 대한 설명을 요구받으면 과연 어떻게 대답하면 좋을까? 지정성별을 근거로 삼기에는 앞서 보았듯 성별을 지정하는 과정 자체에 불확정 요소가 많이 개입한다. 염색체와 같은 생물학적 요소는 법적성별, 성별정체성과 불일치하는 경우가 존재하며, 무엇보다 이 글을 읽는 분들의 대다수는 자신의 염색체를 모를 것이다. 그렇다고 외관, 옷차림, 성격 등 소위 사회적 고정관념에 의해 형성된 성역할, 특징을 드는 것은 상당히 부적절한 것으로 느껴진다.

위의 질문을 받는 나, 그리고 아마도 다른 트랜스젠더들이 느끼는 감정도 비슷하다. 많은 트랜스젠더들은 자신의 성별정체성에 대해 어느 정도 확신을 갖고 있다. 그러나 막상 그것을 설명하는 것은 쉽지 않다. 그 이유는 내가 어떤 성별 범주에 맞는 사람이라는 것을 확실하게 보여주기 위해서는 정답이 되는 '진짜 성별'이 무엇인지를 우선 알아야 하는데 그것부터가 쉽지 않기 때문이다. 가령 '나는 여성이다'라고 했을 때 여기서 여성은 대체 무엇인가? 신체적으로는 염색체 XX,에스트로겐이 분비되는, 그리고 임신능력을 갖춘 그런 사람? 여성으로 태어났고 살아온 경험을 가진 사람(그런데 여기서 여성으로서의 경험은 무엇을 말하는가)? 사회적으로 확고하게 여성으로 인식받고 대우받는 사람? 나아가 위 모든 경우에 해당하는 사람? 실제 우리가 여성이라고 부른 사람들 사이에서도 신체조건, 삶의 경험, 외관 등이 모두 제각각인 상황에서 진짜 여성이 무엇인지, 그리고 한 치의 오차 없이 이에 해당하는 사람이라는 것을 보이는 것은 사실상 불가능한 일이다.

그렇기에 첫 머리에 말한 성별을 묻는 질문에서 중요한 것은 정답이 아니다. 그보다는 왜, 어떤 상황에서 트랜스젠더는 자신의 성별을 증명해야 하는가이다. 너의 성별은 대체 무엇인가, 내가 주로 이러한 질문을 받는 경우는 나 스스로가 나를 증명해야 하는, 그리고 이것이 실패할 경우에는 모욕과 낙인을 받을 수 있는 그런 상황에서였다. 가령 이러한 일이 있었다. 어느 날 외국을 여행하다 옷가게에 들러 사이즈 등을 물어보는데 점원이 '너는 남자냐, 여자냐'고 물어보는 것이었다. 그리고 내가 여자라고 대답을 하자 노골적으로 비웃으며 아닌 거 같다는 이야기를 하였다. 이러한 일을 겪을 때마다 분노와 모욕감이 들지만 한편으로 이런 일은 나에게, 그리고 다른 트랜스젠더들에게 있어 드문 일은 아니다.

　성별에 대한 질문과 증명 요구, 사실 이는 트랜스젠더만의 문제는 아니다. 트랜스젠더는 아니나 사회적으로 요구되는 성별에 맞지 않는 외모를 가진 사람들도 이에 대한 질문들을 받곤 한다. 하지만 이것이 트랜스젠더에게 특히 중요한 것은 성별에 대한 증명에 실패했을 때 트랜스젠더가 받는 대가는 자신의 정체성과 삶이 부정당하고 나아가 이는 사회적 차별과 낙인으로 이어지기 때문이다. 자신의 성별을 증명하지 못한, 지정성별과 다른 성별로 보이는데 '실패'한 많은 트랜스젠더들은 금융, 의료 등의 서비스 제공에서 차별을 받거나 일자리를 구하지 못하며, 나아가 화장실 이용과 같은 인간의 기본적 권리조차 제약을 받는다. 2020년 국가인권위원회의 조사에 따르면 트랜스젠더 응답자 554명 중에 119명(21.4%)이 신분증을 제시했을 때 부당한 대우를 받을까 걱정하여 '병원 이용'을 포기한 적이 있었다. 보험가입 및 상담(15%), 은행 방문 및 상담(14.3%), 선거 투표 참여(10.5%) 등 일상적, 정치적 업무 역시 신분증을 이유로 포기한 것으로 나타났다. 또한 구직 경험이 있는 응답자 469명 중 트랜스젠더 정체

성을 이유로 '구직을 포기'한 사람도 268명(57.1%)이었다.[7]

나아가 또 다른 문제는 이러한 성별에 대한 증명 요구는 결국 사회통념에 개인의 삶을 맞출 것을 요구한다는 것이다. 이를 단적으로 보여주는 것이 법적 성별정정이다. 현재 트랜스젠더가 자신이 원하는 성별로 법적 성별을 바꾸고 살아가기 위해서는 법원의 허가를 얻어야 한다. 복잡한 서류 준비와 기나긴 기다림으로 이루어지는 이 과정에서 지적할 문제는 너무나 많지만, 그중에서도 특히나 문제적인 것은 엄격하게 요구되는 성별에 대한 증명이다.

성별정정에 대한 대법원예규[8] 제3조는 트랜스젠더 신청인에게 (ⅰ) 유아기, 소년기, 청년기, 성년기 각 시기별로 대인관계와 사회생활에 대한 구체적인 진술과 (ⅱ) 신청인이 지속적으로 생물학적 성과는 반대되는 성적 주체

7   홍성수 책임, 「트랜스젠더 혐오차별 실태조사」, 국가인권위원회 연구용역보고서, 2020, 187쪽, 207쪽 참조.

8   성별정정 요건과 절차의 문제점에 대해서는 다음을 참조. SOGI법정책연구회, 「제5회 SOGI 콜로키움 : 성전환자 성별정정 10년 – 의미와 과제」, 2016. 이러한 요구사항은 2020.2.21 예규가 개정되면서 삭제되었다. 하지만 법원 실무에서는 여전히 이와 같은 삶의 증명이 요구되고 있다.

성을 가지고 생활했고, 현재도 그러하다는 내용을 담은 진술서를 요구하고 있다. 즉, 어린 시절부터 나는 남자/여자였고 현재까지도 그러하다는 일관된 삶의 궤적을 증명하라는 것이다. 대체 무엇을 통해 이를 증명할 수 있을까. 질문이 조악한 만큼 답도 조악해질 수밖에 없다. 위와 같은 법원의 요구에 맞춰 설명되는 당사자의 삶은 결국 복잡한 맥락을 삭제한 채 사회통념상 전형적인 남성/여성의 모습이 된다. 소위 어릴 때부터 인형놀이를 하고 치마와 화장을 즐기기에 여성이라는 그러한 모습 말이다.

이러한 당사자의 삶에 대한 설명은 결국은 사회통념에 맞추어 이루어지고 다시 그러한 통념을 강화한다는 점에서 문제점을 갖고 있다. 그렇다면 여기서 문제 삼아야 되는 것은 무엇인가? 그러한 설명을 하는 트랜스젠더인가, 아니면 틀에 박힌 정답을 두고 이에 따른 설명을 요구하는, 그리고 실패한 대가로 차별과 혐오 속으로 개인을 내모는 사회의 성별 관념인가. 누군가의 성별에 대해 의심하고 증명책임을 요구하기에 앞서, 그러한 질문을 만들어내는 성별에 대해 먼저 질문해볼 필요가 있다.

트랜스젠더를 둘러싼
사회의 이분법

"트랜스젠더는 성별이분법을 오히려 강화한다."
"트랜스젠더는 결국은 가짜 여성/남성일 뿐이다."

최근 트랜스젠더에 대해 이런 이야기들이 나오는 것을 종종 볼 수 있다. 트랜스젠더, 특히 트랜스젠더 여성은 생물학적으로 남성이며 여성으로서의 경험을 갖지 않은 가짜 여성일 뿐이며, 사회적 여성성을 모방함으로써 성별 고정관념을 강화한다는 이야기이다. 그리고 이러한 논리 속에서 트랜스젠더(트랜스젠더의 존재를 문제 삼을 때 이야기되는 것은 대부분 트랜스젠더 여성이다. 따라서 이 장에서 트랜스젠더는 트랜스젠더 여성을 말한다)는 존재 자체로 여성 혐오를 강화하는 문제적 집단이며, '여성들' 만의 공간에서 배제해 마땅한 것으로 여겨진다. 보다 극 단적으로는 다른 비하적인 표현과 결합하여 트랜스젠더 에 대한 혐오발화로 이어지기도 한다.

소위 TERF(트랜스 배제적 래디컬 페미니스트', Trans-

Exclusionary Radical Feminists)라 불리는, 트랜스젠더가 여성혐오를 강화하기에 문제적 존재라는 이야기는 상당히 오랜 역사를 갖고 있으며, 한국에서도 이미 하리수가 데뷔했을 당시부터 반복적으로 나왔던 이야기다.[9] 그럼에도 지금까지도 이러한 이야기가 반복되는 이유는 무엇일까. 나는 이 문제가 트랜스젠더를 특정한 이미지로만 한정해서 이해하는 사회의 한계와 맞닿아 있다고 생각한다.

앞서 말했듯 미디어에서는 트랜스젠더 여성을 두 가지의 모습으로 묘사한다. 소위 '여자보다 예쁜 여성스러운 모습'과 자신을 여성이라 생각하나 겉으로는 남성적으로 보이는 '티 나는 모습'. 공교로운 것은 트랜스젠더의 존재를 문제 삼는 이야기 속에서 묘사되는 트랜스젠더의 모습 역시 위 두 가지로 한정된다는 것이다. 가령 사회적 여성성을 강화하는 존재로 묘사될 때 등장하는 트랜스젠더의 모습은 긴 머리에, 짙은 화장, 치마, 하이힐 등을 착용한 소위 전형적인 여성의 모습으로 그려진다. 그에 비해 화장실과 같은 성별에 따라 분리된 공간에서 안전을 위해 트랜스젠더를 배제해야 한다고 이야기할 때 수염이나고 근육질의 남성적 모습을 한 채 여성이라 주장하며

9   루인, 「혐오는 무엇을 하는가 : 트랜스젠더퀴어, 바이섹슈얼 그리고 혐오 아카이브」, 『여성혐오가 어쨌다구?』, 현실문화, 2015.

공간을 침입하는 모습으로 묘사된다.

그러나 누차 이야기했듯이 실제 현실에 존재하는 트랜스젠더의 삶은 위 두 가지 이미지 어느 하나에 한정되는 것이 아닌 그 사이 어딘가의 다양한 스펙트럼 속에 있다. 모든 트랜스젠더 여성/남성이라고 해서 전형적인 여성/남성의 모습을 갖길 원하지 않으며 그에 맞추어 살아가지도 않는다. 설령 어떤 트랜스젠더의 겉으로 보이는 모습이 일정한 전형성을 가진 성별특성을 나타내더라도 이는 개인의 선택, 인간관계, 고용조건, 사회적인 시선 등 복합적인 구조 속에서 만들어진 것이다. 모든 사람들이 그러하듯이 말이다. 또한 성별 분리된 공간을 이용하는 트랜스젠더는 침입자가 아니며 그저 개인의 다양한 상황에 맞추어 자신에게 필요한 공간을 이용할 뿐이다.

모든 개인은 자유롭고 존엄한 존재로서 각자의 삶을 살아간다. 때로는 개인들이 갖는 공통된 특성에 따라 여성, 장애인, 성소수자, 난민과 같은 추상적 범주들이 만들어지기도 하지만, 이러한 범주는 공통된 특성을 이해하기 위한 하나의 단서일 뿐 개인의 온전한 삶을 설명해주는 것이 아니다. 트랜스젠더 역시 마찬가지다. 이 세상에 트랜스젠더로서만 살아가는 사람은 없다. 트랜스젠더에 대해 나와는 다른, 상상 속의 균질한 이미지를 구축하고 이를 비난하기에 앞서, 지정성별과 불화를 겪으며 현실을 살아가는 여러 복잡한 장면들을 상상해보기를 바란다. 그렇게 한다면 진정으로 문제 삼아야 하는 것이 트랜스젠더라는 존재인지, 이를 둘러싼 사회의 이분법적 구조인지가 보일 것이다.

우리는 성별이분법을 허무는 말과 질문이다

지금까지 이어진 이 글의 각 꼭지는 나 자신이 직간접적으로 들은, 트랜스젠더를 둘러싼 여러 말과 질문들로 첫머리를 시작했다. 이 외에도 트랜스젠더로서 살아가면서 듣는 말들은 수없이 많다. 이처럼 다양한 말이 나오는 것은 그만큼 아직까지 트랜스젠더에 대한 이해가 부족함을 나타내기도 하지만 그렇기에 서로가 점차 알아가는 과정이라고도 생각한다. 그런데 한편으로 의문이 든다. 트랜스젠더는 사회로부터 말들을 듣기만 하는 존재인가. 트랜스젠더가 사회에 건네는 말과 질문은 없는 것인가.

사실 트랜스젠더들은 삶 그 자체로 사회의 성별고정관념에 끊임없이 질문을 제기하고 있다. 이를 내가 실감했던 것이 한복을 입고 고궁을 방문했을 때였다. 당시 문화재청의 〈한복착용자 무료관람 가이드라인〉에 따르면 개인은 '성별에 맞는' 한복을 입었을 때, 즉 남성은 바지한복, 여성은 치마한복을 입었을 때만 무료로 고궁을 관람할 수 있다.[10] 그런데 여기서 말하는 성별은 무엇인가. 외관인가, 주민번호인가, 정체성인가. 아마도 해당 가이드라인을 만들고 실행하는 사람들은 성별을 너무도 당연하게 파악할 수 있는 것이라 여겨 어떠한 고민도 하지 않았을 것이다. 아마도 나와 같은 사람들을 만나기 전까지는 말이다.

2017년 봄, 나는 치마한복을 입고 경복궁을 방문했다. 그때 담당자는 나의 외관상의 모습만을 보고 아무렇지 않게 무료로 입장을 하게 해주었으며, 그 과정에서 신분증 검사는 없었다. 그러나 같은 해 겨울 바지한복을 입고 덕수궁을 방문했을 때, 이번에는 나의 외관을 본 담당자는 무료관람을 막으려 했다. 그러나 내가 주민등록증을 보이고 '법적성별인 남성에 맞춘 한복'을 입었음을 이야기하자, 잠시 혼란을 겪더니 무료입장을 허가해주는 것이었

10 이 가이드라인에 대해서는 2019년 국가인권위원회가 성별 표현에 대한 차별행위로 인정하고 시정을 권고했고, 문화재청이 이를 수용하여 개정되었다. 국가인권위원회 2019. 4. 10. 17-진정-1162100, 18-진정-0026700 병합 결정 참조.

다. 즉 나는 치마한복과 바지한복 어느 쪽을 입고도 무료 입장을 할 수 있는 사람이 되면서, 사실상 가이드라인을 무력화시킨 것이다. 이러한 결과 앞에서 질문이 제기될 수밖에 없다. 현실에 맞지 않고 없어져야 할 것은 성별이 분법적 가이드라인인가, 아니면 나인가?

이와 같이 트랜스젠더가 살아가는 모습 그 자체로 성별이분법을 흔들고 의문을 던지는 일은 여럿 만날 수 있다. 이는 모든 트랜스젠더들이 성별이분법에 저항하는 활동을 하고 있다거나 특별한 존재들이라는 것을 이야기하는 것은 아니다. 다만 지정성별, 고정관념과 불화를 겪고 그럼에도 스스로 정체성을 찾아나가는 사람들 앞에서 현실을 반영하지 못하는 얄팍한 성별이분법은 결국 깨질 수밖에 없다는 것이다. 이미 수많은 트랜스젠더들이 각자의 자리에서, 각자의 삶을 통해 말과 질문을 건네고 있다. 이제는 이들의 이야기에 사회가 귀를 기울이고 응답할 차례이다.

나라님 맘대로 낳고 말고 해야 한답니까

이은진

법은 내심 장애가 있는 태아의 생명은
보호하지 않고 싶은 것 같다.
아니, 이런 법의 어디가
정합적이라는 건지.

이은진

법이 너무 꼴 보기 싫어서 말을 얹다보
니 젠더법학 연구자로 살고 있는 사람.
게으르게 천천히, 하지만 이것저것 꾸준
히 한다. 관심사가 넓은 편이지만 그중
에서도 낙태죄와 재생산권 이슈에 관심
이 많아서 논문 「낙태죄의 의미 구성에
대한 역사사회학적 고찰: 포스트식민 법
제, 정책, 담론 검토」(2017), 「낙태죄와 재
생산 평등권」(2020)을 썼다. 현재 '성적권
리와 재생산정의를 위한 센터 셰어SHARE'
의 기획운영위원으로 있다.

낙태죄 없는 2021년이 왔다

2016년 10월, '검은 시위'가 시작됐을 당시 나는 로스쿨을 막 자퇴한 상황이었다. 공부를 하며 도저히 납득할 수 없는 부분에 포스트잇을 붙이면서 읽어 나갔더니 교과서가 포스트잇 범벅이 되었고, 더 이상은 그곳에 있을 수 없다는 생각이 들어 자퇴를 결심했었다. 로스쿨 진학이라는 내 선택에 책임져보려고 그 안에서 버티던 시간 동안, 나라는 사람은 많이 쪼그라들어 있었다. 학부 시절을 너무 온실에서 지낸 탓에 내가 세상에 대해 멋모르고 과도한 기대를 했나보다 자책했다. 그래서 2016년 9월 보건복지부가 낙태죄 처벌을 재가동하려는 움직임을 보이고,[1] 이에 대해 산부인과 의사들이 반발하면서 '낙태 파업' 선언을 했을 때도 마찬가지로, 익숙한 좌절감을 혼자 삭히려 했다. 그런데 검은 옷을 입고 광장에 모인 여자들이 정부도 의사들도 틀렸다고, 무엇보다 낙태죄는 말도 안 되니까 당장 없애라고 고래고래 소리를 지르고 있었다. 그

---

1   2016년 9월 보건복지부는 「의료관계 행정처분규칙 시행령」 일부개정안을 입법예고했다. 개정안은 의료법 제66조 제1항 제1호, 동법 시행령 제32조 제2호의 '비도덕적 진료행위'에 불법 인공임신중절을 명시하고, 그것을 범한 의사에게 부과되는 자격정지의 기간을 기존 1개월에서 최대 12개월까지로 늘리는 내용을 포함하고 있었다.

후로 나는 낙태죄 폐지 운동과 쭉 함께 했다. 때로는 내가 기여했지만, 대체로 많이 배웠다.

그런 의미에서 해가 바뀌는 것에 큰 의미부여를 하지 않는 나에게도 올해, 2020년이 끝나는 것만은 특별했다. 2020년 12월 31일을 기한으로 낙태죄 형법 조문이 효력을 다했기 때문이다. 2021년부터 여성이 스스로의 결정에 따라 임신중지하는 행위는 더 이상 대한민국에서 형사처벌의 대상이 아니다. 임신 주수와도, 사유와도 무관한 전면적이고 완전한 폐지! 한국은 캐나다에 이어 세계에서 두 번째로 임신중지 전면 비범죄화 국가가 되었다.[2] COVID-19 때문에 광장에서 모두와 환호성을 지를 수는 없었지만, 카카오톡 오픈채팅이나 화상회의로 모여서 낙태죄가 없어지는 순간을 카운트다운했다. 용기와 고난의 기억을 나누고, 서로에게 감사와 축하의 말을 건넸다. 2019년 4월 11일 헌법재판소의 헌법불합치 결정을 이끌어낸 것도, 2020년 10월 7일 발표된 정부의 대체 입법을 저지시킨 것도, 함께라서 가능했다. 우리가 우리 손으로 만들어낸 변화였다.

---

2 캐나다는 1988년 연방대법원의 '여왕 대 모겐텔러 사건 Her Majority The Queen v. Morgentaler' 판결을 기점으로 임신중지에 대한 어떤 처벌 조항도 없는 상태를 유지하고 있다.

67년간 한번도 개정된 적이 없는 법

형법 제269조

① 부녀가 약물 기타 방법으로 낙태한 때에는 1년 이하의 징역 또는 200만원 이하의 벌금에 처한다.

위 조문이 이제는 사라진, 여성의 임신중지 행위를 범죄로 규정했던 조문이다. 놀라운 건 이 낙태죄 조문이 1953년 최초의 대한민국 형법전에 실린 이후로 자그마치 67년 동안 단 한번도 개정된 적이 없다는 것이다. 예외적 허용사유를 규정하고 있는 모자보건법 조항도 마찬가지다. 모자보건법이 제정된 1973년 이래, 다른 조문들이 여러 차례 바뀌는 동안에도 해당 조항은 문구 수정 정도만을 거쳤을 뿐이다.

67년간 한국 사회의 변화를 떠올려본다면 의아한 일이다. 그동안 결혼 연령이 얼마나 늦춰졌는지, 이상적이라고 생각하는 자녀의 수가 얼마나 줄었는지, 여성의 사회적 역할이 얼마나 달라졌는지. 주변 커플들 다 섹스는 하고 있지만, 출산·양육을 원하거나 할 여건이 되는 경우는 거의 없다. 어떤 피임 방법도 임신 확률이 0은 아닌데, 섹스와 출산 사이의 거리는 너무나도 넓었다. 법은 이런 사회현실에 발을 못 맞춰도 한참 못 맞추고 있는 게 아닐까? 낙태죄처럼 낡은 법이 그렇게나 오랫동안 유지되어 왔던 이유가 뭘까? 나의 첫 의문은 대체 이 법을 뒷받침하는 근거가 (있기는 하다면) 무엇일까 하는 점이었다.

이에 대해서 법을 공부하는 사람들에게 물으면 태아의 생명 보호가 여성의 자기결정권보다 중요하다는 틀에 박힌 답변이 돌아왔다. 그렇지만 '왜'를 한 번 더 물으면 의외로 답변은 다양(하고 궁색)해졌다. 왜 더 중요해요? 왜 그 중요성을 법이 판단해요? 왜 그걸 형법으로 강제해야 해요? 누군가는 법이 정합적인 체계라서 생명 보호에 예외를 둘 수 없다고 했다. 어떤 사람은 사법부가 약자의 권리를 수호하는 역할을 맡고 있기 때문에 태아를 보호해야 한다고 했다. 법적 안정성은 중요한 가치이므로 사회적인 변화가 생길 때마다 이리저리 흔들리면 사회적 혼란이 초래된다고 말한 사람도 있었다. 그러면서 낙태죄 폐지 운동을 통해 터져 나오는 비판의 목소리들을 법적 판단이 휩쓸려서는 안 되는 여론으로 치부했다.

하지만 낙태죄 존치의 '법적' 근거라는 것들을 막상 뜯어보면, 내용이 한없이 빈약했다. 법은 태아의 생명을 낙태죄가 아닌 다른 국면에서는 그다지 보호하고 있지 않다. 모자보건법 제11조는 난임극복지원사업에 국가와 지방자치단체가 지원할 수 있다고 정하고 있고, 여기에는 체외수정 등 보조생식기술의 사용이 포함된다. 의료 현장에서는 성공률을 높이기 위해서 통상적으로 여러 개의 수정란을 자궁에 주입하고 있고, 원하는 자녀의 수보다 더 많은 개수가 착상에 성공하면 '선택유산'을 한다. 선택유산의 대상이 되는 착상된 수정란은 임신 초기 임신중지와 생명 발달 단계상 아무런 차이가 없다. 또, 산전 기형아 검사를 산전기본검사에 포함시켜서 의무적으로 받게 하고 있다. 남아선호사상으로 인한 여아낙태를 막기 위해서 태아의 성별 고지는 금지했다는 점(의료법 제20조)에 비추어보면, 법은 내심 장애가 있는 태아의 생명은 보호하지 않고 싶은 것 같다. 아니, 이런 법의 어디가 정합적이라는 건지.

그리고 '여성의 자기결정권'이라는 표현으로는 마치 임신중지를 통해서 여성이 자기실현의 경험을 할 것 같지만, 실제로는 다른 방법이 없어서 임신중지가 막다른 선택지가 되는 경우가 많다. 낙태죄는 임신중지를 할 수밖에 없는 여성들을 한층 더 위험한 상황에 놓이게 한다. 임신중지를 형사처벌하면, 임신중지율은 낮아지지 않겠지만 모성사망율은 치솟는다. 이를 보여주는 단적인 사례로는 루마니아가 있다. 차우셰스쿠 독재정권은 출산율 제고를 위해 피임과 낙태를 모두 불법화하고, 어길 시 최대 사형에 처하는 법안을 통과시켰다. 그러나 출산율의 증가는 몇 년 정도의 짧은 기간에 국한되었고, 불법시술과 영아유기가 횡행하게 되었다. 1983년 루마니아의 모성사망률은 법안 시행 이전인 1966년 대비 7배로 급증했다. 이는 해당 법안이 철폐되자 다시 감소했다. 당연한 이야기지만 불법 시술은 위생과 안전성을 담보받을 수 없다. 높은 비용 때문에 돈을 마련하거나 병원을 찾아다니는 동안 임신중지 시점이 미뤄지면, 임신중지 수술의 위험성은 기하급수적으로 증가한다. 사법부는 약자(태아)를 보호한다는 명목으로 여성을 약자로 만드는 역할을 담당하고 있는 것이다.

남녀가 함께 참여한 섹스를 통해 임신이 되었음에도, 때로는 여성이 임신중지를 할 수밖에 없는 주요 요인이 남성 파트너에게 있음에도, 법은 여성만을 처벌 대상으로 삼는다. 상대 남성이 여성의 임신 사실을 알고 연락을 끊거나 나 몰라라 해도, 여성에게 임신중지를 강요하는 등 특별한 사정이 없으면 남성 파트너는 낙태죄의 교사범, 방조범으로도 처벌받지 않는다. 이를 악용하여 남성 파트너나 그 가족이 추후 여성을 신고하겠다고 협박하거나 상속, 재산분할의 불이익을 가한 사례들도 발견된다. 반면,

남성 파트너는 모자보건법상 예외적 허용사유에 해당하는 합법적 인공임신중절수술에 대한 동의권은 가진다(모자보건법 제14조 배우자 동의 요건). 임신중지 사안에 있어서 법은 남성에게는 권한만을, 여성에게는 책임만을 부여하는 모양새다.

한국의 역사를 돌아보면, 낙태죄는 정부의 인구조절 목적에 따라 여러 차례 요동쳤다. 최초의 형법전 제정 과정의 국회 토론회 기록은 당시 낙태죄 조항을 넣자는 쪽도 낙태죄 조항을 빼자는 쪽도 인구정책적 고려를 앞세웠음을 보여준다. 결국 낙태죄 조항이 들어가게 된 것은 '부국강병을 위해서는 인구가 사천만 이상은 있어야 된다'는 류의 주장이 우세했던 탓이었다.

그러다 1960년대 들어서면서부터 반대로 인구를 감소시켜야 조국 근대화를 이룩할 수 있다는 믿음에 따라 '가족계획사업'이 전개됐다. 대외적으로는 피임 보급을 표방했지만, 임신초기 임신중지가 '월경조절술'이라는 명칭으로 보건소의 할당 목표치 중 일부가 되었고, 지방 도시와 서울의 산부인과 사이를 오가는 '낙태 버스'가 운영되었다. 그런데 이제는 저출산이 사회문제가 됐으니 낙태죄 처벌을 정상화하자며 의료법 개정안을 들고 나온 것이다. 적어도 이 사안에 대해서는 애초에 법적 안정성이라는 게 있던 적이 없다는 게 더 정확한 표현일 것이다.

'태아 대 여성' 구도가 가진 모순

그동안 한국의 헌법학계는 낙태죄를 태아 생명권과 여성의 자기결정권이 충돌하는 문제로 여겨 왔다. 하지만 사실상 생명권은 법의 가치 체계 중 가장 상위에 위치해 있고, 이것과 저울질해서 이길 수 있는 건 거의 없기 때문에 그런 프레임 자체가 '답정너'인 측면이 있다. 그래서 페미니스트들과 재생산권 운동가들은 오래전부터 해당 구도 자체가 잘못 설정된 것이라고 비판했다.

이러한 태아와 여성의 대립 구도는 여성의 구체적인 경험과는 동떨어진 것이다. 개별 여성들의 임신중지 갈등 상황을 들여다보면, 임신한 여성은 누구보다 태아와 연결된 존재로서 임신중지 결정에 이르기까지 태아의 삶에 대해서도 다각도로 고민하는 과정을 거치게 된다. 태아와 여성은 서로 한 몸에서 연결된 존재이며, 이익의 충돌보다는 공유된 이해관계를 가지게 되기 때문이다. 원치 않는 임신과 양육곤란의 환경은 태아와 여성 둘 다 고통 받게 한다. 역으로, 임신한 여성을 지원하지 않으면서 태아

만을 지원하기 위한 조치가 이루어질 수 있는 방법도 존재하지 않는다.

태아 대 여성 대립 구도는 한국 사회의 역사적 맥락이나 사회적 담론을 담는 데에도 부족함이 있다. 서구에서는 임신중지권 투쟁이 가톨릭 전통 하에서의 태아 생명 존중 담론에 맞서 여성의 자유를 주장하는 것으로부터 시작했고, 사회적 논쟁 역시 '프로라이프pro-life 대 프로초이스pro-choice'의 양상을 보였다. 하지만 앞서 언급한 것처럼, 한국에서는 정부의 인구정책이 낙태법제의 제·개정뿐 아니라 법이 실제로 적용되는 방식까지도 좌우했다. 인구 조절이라는 목표는 전체 사회의 유지, 국가의 발전을 위해서 필요한 것이라고 정당화되었고, 태아의 생명 보호도 여성의 자기결정권도 이 앞에서는 사소한 가치로 치부되었다. 이에 저항하는 여성계의 낙태죄 반대의견은 시민사회에서 처음 발화됐을 때부터 여성의 선택권 옹호가 아니라, 국가의 통제에 대항하는 목소리였다.[3]

무엇보다, '태아의 생명 보호가 여성의 자기결정권보

3 2004년 서울대학교 공익인권법센터 주최 학술회의의 제목이 〈낙태죄에서 재생산권으로〉였고, 2010년 '임신·출산 결정권을 위한 네트워크'의 성명서에서도 임신중지권을 포괄적인 재생산권에 근거하여 요구하고 있음을 확인할 수 있다.

다 중요하다'는 말은 낙태죄를 통해 여성의 자기결정권을 제한함으로써 태아의 생명을 보호할 수 있다는 것을 전제로 하고 있다. 그러나 이 전제는 틀렸다. 현실에서 여성이 다양한 저마다의 사정들로 임신중지 결정을 내렸다고 했을 때, 낙태죄로 인해 형사처벌을 받을지 안 받을지 여부는 그 결정을 바꿀 만큼 중요하게 작용하지 않는다.[4] 이미 임신중지 결정을 내린 여성을 더 열악한 상황으로 내몰 뿐이다. 낙태죄가 태아 생명 보호의 실효성 없이 여성의 기본권을 침해하는 부작용만 크다는 의미이다.

OECD 국가들을 공시적으로 비교해보면 임신중지 처벌 수위와 임신중지율 사이에는 상관관계가 발견되지 않는다. 오히려 임신중지가 처벌받지 않는 국가의 임신중지율이 낮게 나타나는 경우도 있다. 이는 여성의 권리가 보장되고 성평등한 제반 사회 환경이 마련되어 있는 국가일수록 여성의 임신중지 행위를 처벌하는 법률을 없애고 동시에 여성이 어쩔 수 없이 임신중지해야 하는 상황을 개선하기 위한 조치들도 마련해두고 있기 때문이다.

---

4   김동식 · 황정임 · 동제연, 『임신중단(낙태)에 관한 여성의 인식과 경험 조사』, 서울: 한국여성정책연구원, 2018, 70-77면; 양현아, 「낙태죄 헌법소원과 여성의 '목소리'〔2〕-법과 낙태실천과의 관계를 중심으로-」, 『법철학연구』 제21권 제1호, 2018.

"낙태가 죄라면 범인은 국가다"

따라서 낙태죄 폐지론의 논리는 태아의 생명 보호보다 여성의 자기결정권이 더 중요하다는 단순한 문장으로 요약될 수 없다. 실제로 낙태죄 폐지 운동을 해나가면서 우리는 태아의 생명 보호라는 말뿐인 이유 뒤에 숨겨진 정부의 인구정책을 지적하고, 그것에 대항하고자 목소리 높였다. "낙태가 죄라면 범인은 국가다"라고 비판하면서 "여성이 인구정책의 도구가 되지 않는 세계"를 소망했다. 경제성장과 그것을 위한 인구조절이 개개인의 삶의 질과 행복을 압도하고, 때로는 기본권 침해까지 정당화해선 안 된다. 국가의 역할은 낳거나 낳지 않을 자격을 따지면서 처벌과 통제의 손길을 뻗는 것이 아니라, 낳거나 낳지 않겠다는 개인의 결정을 권리로서 보장하고 지원하는 것이어야 한다.

너무 오랫동안 우리 사회는 재생산을 여자들의 모성 본능이라거나, 생물학적 운명이라거나, 국민의 의무라는 차원에서만 다뤄왔다. 낙태죄 폐지 운동은 출산에 대해 이러한 비과학적이고 맹목적인 믿음 대신 '포괄적 재생산권 보장'을 주장했다. 재생산권reproductive rights은 임신중지만이 아니라 낳거나 낳지 않는 것과 관련된 모든 것들에 관한 권리라고 할 수 있다. 성과 재생산은 밀접한 연관성을 가지기 때문에 '성과 재생산 권리'라고 묶어서 많이 부른다. 낙태죄 폐지 운동에서 재생산권 보장을 외쳤다는 것은 이제는 재생산을 개인의 권리로 다뤄야 한다는 인식이 퍼졌다는 뜻이다.

지금은 국제사회의 재생산권 개념이 준거점으로 여겨지지만, 가족계획 서비스에 관한 국제사회의 논의가 처음부터 인권에 기반한 것은 아니었다. 1950~60년대 미국 등 선진국들이 제3세계 가족계획을 위한 재정적, 기술적 원조를 국제기구를 경유해서 전달하려고 하면서 국제사회의 논의가 시작됐다. 이들은 '인구증가가 저개발의 원인'이라면서 자신들의 원조를 인류애적 제스처로 포장했지만, 실제로는 제3세계의 인구폭발이 자국에 정치적, 경제적 혼란을 가져올 것이라는 계산이 있었다.

1974년 부쿠레슈티 세계인구총회에서 제3세계 국가들은 이런 접근법이 제3세계의 자원과 노동력을 착취하는 국제경제질서를 전혀 문제 삼지 않는 것이라고 비판하고, 인구가 저개발, 빈곤 등 전 사회적 문제들의 단일한 원인이라는 관점도 비현실적이라고 지적했다. 그리고 이후 UN 여성 10년을 거치면서, 재생산 권리의 보장이 성평등한 사회 구현과 밀접한 관련성이 있으며, 여성의 신체적 통합성에 기반한 개인의 권리임을 확인해나갔다. 그런 노력들 끝에 1994년 카이로 국제인구개발회의에서 재생산권을 인권의 일환이라고 정립하고, 내용을 종합적으로 제시할 수 있었다. 즉, 국제사회의 재생산권 개념에는 인구와 개발 논리에 따른 접근법에서 인권 접근법으로의 전환이 담겨 있다.

재생산권의 문제의식이 한국의 상황과 공명한 것은 어쩌면 당연하다. 이러한 재생산권 개념의 탄생 배경이 다름 아닌 한국 사회의 이야기이기 때문이다. 박정희 정권의 가족계획사업만 해도, 선진국들의 지원을 빼놓고 말할 수 없다. 냉전과 맞물리면서 서구 사회는 인구증가로 인한 빈곤 문제가 해당 지역의 공산화를 초래할 수도 있다고 걱정하게 되었다. 그러자 국제인구통제 레짐은 한국 정부에게도 풍부한 원조를 약속했으며, 개발 드라이브를 걸고 있던 박정희 정권의 관심은 외국의 원조금에 있었다. 그를 위해 인구증가율의 감소라는 목표치를 달성하는 것이 다른 모든 것을 압도했고, 정부는 성과 재생산을 둘러싼 남성 중심적인 문화와 제도를 변화시키는 것보다는, 여성의 몸에 개입하는 '빠르고 확실한' 방법을 택했다.

이 시기에 여성들은 피임과 임신중지에 접근할 수 있

게 되면서 출산에 대한 통제력을 제한적으로나마 얻을 수 있었지만, 이것을 '권리'로 경험하진 못했다. 콘돔보다는 정관수술, 그보다는 루프나 난관수술, 더 나아가 임신중지에 가족계획사업의 초점을 두는 상황에서 불임수술이 강제되거나, 의사로부터 제대로 된 설명도 없이 수차례 임신중지 수술을 받는 일이 빈번했다. 정부가 공공연하게 권장했음에도 일단 낙태죄로 고소를 당하면 형사처벌을 받아야 했다. 이렇게 개인의 권리보다 인구조절 목표 달성이 중시되는 방식은 최근의 저출생 대책들에서도 계속되고 있다. 행정자치부가 가임기 여성 지도를 만든다거나, 한국보건사회연구원이 '고스펙' 여성들에게 채용 불이익을 줌으로써 이른 나이에 결혼하게 만들겠다는 해법을 내놓는 식이다.

그렇다면 성과 재생산이 개인의 권리라는 게 무슨 뜻일까? 임신중지 사안을 놓고 보면, '권리'의 반대말은 '허용'인 것처럼 보인다. 낙태죄 폐지 운동을 하다보면 '그럼 낙태를 허용하라는 것이냐'는 반응을 접할 때가 많았다. 하지만 허용이라는 말 자체가 규제를 전제로 하고 있으며, 허용할 만한 사정을 갖췄는지 소명했을 때만 제한적으로 처벌을 면하게 한다는 의미이다. 처벌은 피한다고 해도 허용의 프레임 아래에선 임신중지에 대한 사회적 낙인이 계속될 수밖에 없다. 그렇기 때문에 임신중지는 허용이 아닌 권리의 문제로 관점을 바꿀 필요가 있다.

권리는 '허용 또는 처벌'의 구도 자체를 부수기 위한 것이다. 임신중지가 허용되는 사회에서는 원치 않는 임신을 한 개개인이 자신의 피해나 열악함을 증명해야 하지만, 임신중지가 권리인 사회에서는 권리 보장을 위한 제도와 시설이 갖추어졌는지를 묻게 된다. 그러면 제도와 시설을 마련할 국가의 의무가 제대로 수행되고 있는지로 눈길을 돌리게 된다.

그러므로 낙태죄 폐지 운동의 요구사항들이 낙태죄 조문 하나 없어진 것으로 모두 달성된 것은 결코 아니다. 낙태죄에 대한 헌법재판소 결정은 '태아 대 여성' 대립 구도의 부적절성을 짚었지만, 그 대안을 명확하게 제시하지는 못했다. 국회와 정부는 한참 동안이나 무관심으로 대응하다가, 2020년 10월에야 허용/처벌의 경계선 짓기에 치중한 구태의연한 법안을 들고 나왔다. 시민들의 힘으로 저지해내고 낙태죄 완전 폐지를 이뤄내긴 했으나, 권력기구들은 여전히 성과 재생산이 개인의 권리일 수 있다는 관념을 수용하지 못하고 있는 셈이다. 시민사회 논의에는 널리 수용된 재생산권 패러다임을 입법·사법·

행정부에도 자리매김하는 과제가 남아 있다.

누구도 배제하지 않는 법을 위해

현행 법률 중에서 재생산 건강에 관한 지원을 규정하고 있는 것으로는 모자보건법이 유일하다. 이는 법명에서 볼 수 있듯 여성의 일차적 위치를 어머니에 두는 시선이 반영된 것이고, 모성을 권리로서 보장하는 것이 아니라 '보호'하고 있어서 한계가 분명하다. 그조차도 중증 장애인, 비혼 여성, 저소득층 등이 고려되지 않음으로써 모든 모성을 보호하지도 못한다. 예를 들어, 최근 방송인 사유리 씨는 정자 기증을 받아 출산을 하기 위해 일본으로 돌아가야 했다. 한국 정부는 체외수정 등 보조생식기술의 사용에 많은 보조금을 지급하고 있다. 현행 모자보건법에 의해 난임극복 지원사업의 일환으로 보조금 지급을 하고 있지만, 난임을 '부부가 피임을 하지 아니한 상태에서 부부간 정상적인 성생활을 하고 있음에도 불구하고 1년이 지나도 임신이 되지 않는 상태(모자보건법 제2조 10호)'라고 정의하고 있다. 사유리 씨는 혼인하지 않은 상황이었기 때문에 여기에 포함되지 못했다.

낙태죄 폐지 이후 필요한 법과 정책 영역 과제들을 제안하기 위해서, '성적권리와 재생산정의를 위한 센터 셰어SHARE'는 2020년 10월 '성 · 재생산권리 보장 기본법(안)'을 공개했다.[5] '성 · 재생산권리 보장 기본법'은 모자보건법을 포함한 여러 법률들이 삭제 혹은 개정될 필요가 있으며, 저출산고령화 기본계획 등 인구정책뿐 아니라 보건의료, 노동, 교육 등 다양한 분야의 정책들이 성과 재생산 권리를 보장하도록 방향이 다시 설정되어야 한다는 점을 법의 형태로 구현한 것이다.[6]

셰어의 '입법 네비게이션 팀'의 일원으로 이 작업을 하

5 '성 · 재생산권리 보장 기본법(안)' 전문과 해설집의 pdf 파일은 셰어의 홈페이지에서 무료로 다운로드할 수 있다. http://srhr.kr/

6 기본법이란 정책에 관한 기본적인 지침 · 방향과 그것을 추진하기 위한 체계, 정부의 권한과 활동의 규준 · 절차 · 조직에 관하여 개괄적으로 규정하는 입법 형식이다. 만약 성과 재생산에 대한 기본법이 제정된다면, 성과 재생산이 국가 차원에서 중점을 두어 정책을 추진할 만큼 중요한 영역이라는 메시지를 전달하고, 여러 곳에 흩어져 있던 관련 조항들을 성과 재생산 권리라는 포괄적인 틀 안에서 종합적으로 다루게 되며, 국회의 구성 등에 따른 영향을 최소화한 상태에서 일관적인 정책 추진을 할 수 있게 된다. 셰어가 발표한 '성 · 재생산권리 보장 기본법(안)'은 제7조에 "성 · 재생산건강 및 권리에 관한 법률을 제정하거나 개정할 때에는 이 법의 목적과 기본 이념에 맞도록 하여야 한다."는 규정을 두어 성과 재생산 권리에 관한 한 이 법이 상위규범임을 분명히 했다.

면서, 무엇보다 중요하게 생각한 것은 성과 재생산 권리의 주체가 '모든 사람'이어야 한다는 점이었다. 인구와 개발이 성과 재생산에 대한 지배적인 접근법이었던 과거에는, 성과 재생산은 겹겹의 차별과 사회적 낙인에 둘러싸여 있었다. 임신할 수 있는 몸의 소유자인 여성에 대한 폄하의 시선이 녹아 있었음은 물론이고, 우생학과 장애차별, 정상가족 이데올로기, 정상 규범을 벗어난 섹슈얼리티에 대한 경멸 등과 같은 차별이 전제되어 있었다. 이런 측면에서 봤을 때, 임신중지를 금지했던 한국사회의 낙태법제는 성별, 장애, 나이 등에 따른 복합차별이었다고 할 수 있다. 성과 재생산에 대한 평등권이 실현되기 위해서라도 낙태죄 폐지는 필수적이었다.[7]

지금도 이러한 차별은 개인의 성과 재생산 권리 실현을 제약하는 주요 요인이고, 개인의 성과 재생산 건강에 실질적인 타격을 입히고 있다. 평등과 비차별 원칙은 성과 재생산 권리 보장에 있어서 핵심적이다.

성·재생산권리 보장 기본법 제5조

① 모든 사람은 성적 권리와 재생산 권리를 실질적으로

---

7 자세한 내용은 필자의 석사학위논문 참조. 이은진, 「낙태죄와 재생산 평등권」, 서울대학교 법과대학 석사학위논문, 2020.

평등하게 보장받을 권리가 있다.

② 누구도 합리적 이유 없이 성별, 장애, 나이, 혼인 상태, 가족 형태, 성적 지향, 성별 정체성, 성 특징, 병력, 인종, 이주 지위, 직업, 종교, 사회적 신분 등(이하 "성별 등"이라 한다)을 이유로 성적 권리와 재생산 권리 보장에 있어 차별받지 아니한다.

수많은 투쟁의 역사가 보여주듯, 모두가 평등하다는 추상적 명제만으로 모든 사람에게 예외 없이 권리가 보장되는 사회가 만들어지지는 않는다. 그런 사회로 나아가기 위해서는 차별받고 배제되는 이들에게 주목해야 하고, 서로 다른 소수자 집단 사이의 차이들에 주의를 기울여야 한다.

낙태죄 폐지 운동을 시작할 때부터 우리는 장애여성, 성소수자 등 내부의 다양성에 관심을 기울였다. '모두를 위한 낙태죄 폐지 공동행동'의 발족식에서는 기혼여성, 10대 청소녀, HIV 감염인, 성폭력 피해자, 장애 여성, 성매매 여성, 논바이너리(non-binary) 트랜스젠더가 각자의 서로 다른 임신중지 경험을 말하고 붉은 끈으로 연결되는 퍼포먼스가 진행되었다.

'성·재생산권리 보장 기본법'의 초안을 가지고서 외부

단체 간담회를 했던 때가 떠오른다. 다양한 시민단체들의 피드백을 수용해서, 그 누구도 배제하지 않는 방식으로 조문을 만드는 데에 노력을 쏟았다. 때로는 진정으로 평등한 사회가 한 번도 도래한 적 없는 우리 사회에서는 차별적이지 않은 언어를 찾기조차 어려웠고, 법안을 만드는 과정이 글짓기처럼 느껴지기도 했다.

최종안에는 자기결정권, 건강권, 성적 즐거움을 추구할 권리, 정보 접근권, 평등권, 사생활의 비밀을 보장받을 권리 등 성·재생산권에 포함되는 세부 권리들을 확인하고, 월경, 피임, 성별 정정 및 성별 확정, 보조생식기술, 임신·출산과 임신중지, 포괄적 성교육이라는 사안 별로 구체화한 내용이 담겼다. 그런 권리들을 보장하기 위한 정부와 지방자치단체의 의무도 세세하게 규정했다.

물론 완벽하지도, 완전하지도 않은 결과물이다. 하지만 걱정보다는 설렘이 앞선다. 2021년부터 낙태죄가 사라짐으로써, 처벌의 두려움 때문에 발화될 수 없었던 이야기들을 들을 수 있게 되었다. 우리는 몸, 욕망, 관계의 생김새가 서로 다른 만큼 성과 재생산에 대해 각자 다른 이야기들을 품고 있다. 이런 목소리들이 열린 공간에서 흘러나올 수 있게 된 지금이야말로 성과 재생산 권리에 대한 활동을 더 활발하게 해나갈 적기가 아닐까. 낙태죄를 폐지하는 일이 모두 함께여서 가능했듯, 성과 재생산이 권리로 보장되는 사회도 우리가 함께일 때 가능할 것이다. 저마다 다른 우리가.

과학이 페미니즘을 만나
더 나은 과학이 되기를

하미나

페미니즘에게 과학이 강력한
무기가 될 수 있다고,
과학에 페미니즘이 더해질 때
더 나은 지식이 만들어질 수
있다고 믿는다.

하미나
논픽션 작가. 前페미당당 활동가.
여성, 과학, 페미니즘, 우울증 등을 주제
로 〈한국일보〉, 〈시사IN〉, 〈한겨레
21〉 등에 글을 써왔다. 2030 여성 우울
증을 주제로 첫 단독 저서를 준비 중. 서
울대학교 과학사 및 과학철학 협동과정
석사 졸업. 매일 읽고 쓴다.

나는 그의 말이 하나도 웃기지 않았다

　과학 기자로 일할 때였다. 2018년 노벨물리학상 수상자가 발표되던 날 과학 기자들이 한자리에 모인 곳에서 노트북 앞에 앉아 귀를 곤두세우고 노벨상 위원회의 발표를 생중계로 듣고 있었다.

　"올해의 노벨물리학상 수상자는 아서 애슈킨, 제라르 무루, 그리고 도나 스트리클런드입니다."

　발표를 듣자마자, 으레 기자들이 하듯, 이들의 신상정보를 온라인으로 빠르게 검색했다. 아서 애슈킨은 전 미국 벨 연구소 연구원, 제라르 무루는 프랑스 에콜폴리테크니트 명예교수, 도나 스트리클런드는 캐나다 워털루 대학 교수.

　보통의 다른 노벨상 수상자처럼 애슈킨, 무루 교수는 기본 인적 사항부터 인생사, 연구 업적 등을 온라인에서 쉽게 찾았다. 그러나 스트리클런드 교수의 신상정보와 연구 업적은 당최 자세한 내용을 찾기가 힘들었다. 이상한 일이었다. 노벨상을 받을 정도의 사람에게 세상이 이 정도로 무관심했다고? 알 수 있는 건 그녀가 물리학 분야에서는 매우 드문 여성 학자이고, 예순의 나이에 여전히 부교수 신분이라는 점이었다.

현장에 대기하던 한국 물리학자에게 질문이 들어왔다.

"무루 교수와 스트리클런드 교수는 공동연구로 상을 받았는데 이들은 각각 어떤 역할을 했나요?"

물리학자는 웃으며 대답했다.

"스트리클런드 교수요? 지도교수가 시키는 대로 했겠죠, 하하하"

좌중에 떠들썩하게 웃음이 퍼졌지만 나는 하나도 웃기지 않았다. 대학원을 다녀본 사람들은 알 것이다. 지도교수의 연구에 대학원생이 숟가락을 얹는 게 쉬울지, 반대로 대학원생의 연구에 지도교수가 숟가락을 얹는 게 쉬울지(교수들은 어째서 당신들의 대학원생 시절을 그토록 빠르게 망각하는 것일까?).

'55년 만에 여성 노벨 물리학상 수상자' 외에 스트리클런드는 말 그대로 무명인이었다. 그를 포함해 과학 분야 노벨상 수상자 가운데 여성은 전체의 3% 수준이다.

차별의 '객관적인 근거'를 대라는 요구

나는 고등학교 때 이공계를 선택하고 대학에서는 자연과학, 그중에서도 지구환경과학을 전공했다. 과학철학이라는 분야에 관심이 있어 학부 때 철학을 복수전공했고, 졸업 후에는 관심사가 다소 바뀌어 대학원에서 과학사를 전공했다. 대학원에서 공부하던 도중 과학 기자로 잠시 일하기도 했다. 지금은 프리랜서 작가로서 여성, 페미니즘, 과학기술, 정신의학, 우울증 등이 교차하는 글을 쓰며 지낸다.

실험실에 앉아 현미경을 들여다보거나 현장을 나가 해머로 돌을 깨부숴 신선한 암석의 단면을 보는 대신에(실제로 나의 학부 동기 중 많은 수는 이렇게 산다), 지나간 과학의 역사를 공부하거나 과학과 사회가 만나는 지점에 관한 글을 쓰며 산다. 뭐랄까. 진짜 과학자가 되기보다는 과학 변두리에서 깨작대는 삶이라고 말할 수가 있다. 과학을 재밌어한 것은 맞다. 그러나 본격 과학자 되기 경로를 택하지 않은 것은 이 길이 나에게 절대적으로 불리한 게임이라는 판단 때문이었다. 그 이유를 들자면 바로 앞서 말한 것과 같은 순간 때문이었다. 학계는, 특히 이공계 학계는 그다지 승산이 없어 보였다. 같은 노력을 퍼부어도 중산층 출신의 남자들만큼 성과를 올릴 수 없을 것 같았다.

그날의 경험을 토대로 과학 분야에서 여성이 소외되는

현실을 지적한 칼럼을 썼다 〈시사IN〉 제581호, 「노벨상 수상자에 대한 한 물리학자의 대답」, 2018년 11월 3일). 며칠 뒤에 이메일 한통을 받았다. 서울대학교 물리천문학부에서 연구 중인 대학원생이라고 밝힌 그는 매우 점잖은 태도로 궁금한 점과 사견을 공유 드리고자 트위터에서 나의 계정을 찾아 이메일을 보낸다고 했다.

메일의 요지는 이랬다. 스트리클런드 교수가 노벨 물리학상 수상자로서 뛰어난 업적에도 불구하고 잘 알려지지 않은 것은, 학계에서의 그의 위치를 반영한 결과다. 학자의 업적을 가장 객관적으로 나타내는 것은 출판 논문 수, 출판 논문이 실린 저널, 출판 논문의 피인용횟수인데 이를 기준으로 볼 때 스트리클런드 교수는 다른 두 명의 공동수상자보다 부족하다는 것이었다. 그는 노벨상 수상 과정에 여성이라는 이유로 차별이 존재한다는 '객관적인 근거'가 있다면 알려주시면 정말 감사하겠다며 글을 마무리지었다.

이메일을 읽고 한숨을 내쉬었다(한편으론 그의 성실함에 감탄하기도 했다). 특히 그가 쓴 '객관적'이라는 말을 오래 쳐다봤다. 이 말에는 얼마나 많은 함정이 있는가. 답장을 하지는 않았다. 질문을 가장한 공격에는 답하지 않는다. 다만 이 지면에서 공들여 과학기술 분야에서의 여성 차별을 이야기하려 한다.

이메일을 보낸 그는 진심이었을 것이다. 항변하고 싶은 많은 말들이 떠올랐지만, 백번 양보해 그의 말마따나 스트리클런드 교수의 논문 수와 피인용횟수는 다른 남교수보다 적을 수 있다. 그러나 이 결과가 다른 남성 교수와 같은 과정을 거쳐 만들어진 것인지 되물을 필요가 있다. 이공계 분야에서 여성이 겪는 고난의 정도가 과연 남성과 비슷한지 되물을 필요가 있다. 여성이 과학(혹은 공학)에 흥미를 느낀 뒤 이를 잘 키워 대학에서 전공으로 삼았다고 생각해보자. 그가 남자들로 가득한 학부를 무사히 통과하고 난 뒤에도 대학원에서 학위를 따고, 이를 가지고 취업을 하고, 그 와중에 출산과 육아를 경험하고, 학계에 자리를 잡는 과정에서 차별은 촘촘하고 치밀하게 작동한다.

미국 스탠퍼드대학의 과학사학자 론다 시빙어 교수는 과학기술 분야에서 여성이 배제되는 층위를 사람의 수, 제도, 지식의 측면 이렇게 세 가지로 나누어 분류하면서 어느 하나를 빼놓지 않고 이를 모두 바로잡아야 한다고 말한다.

첫째, 숫자를 바로잡기(Fix the Numbers)

둘째, 제도를 바로잡기(Fix the Institutions)

셋째, 지식을 바로잡기(Fix the Knowledge)

명쾌한 분류다. 첫째, 숫자를 바로잡기란 과학기술 분야에 참여하는 여성의 수 자체를 늘려야 한다는 이야기다. 둘째, 제도를 바로잡기란 과학기술 분야에서 여성이 커리어를 유지하고 발전시킬 수 있는 구조적인 변화가 필요하다는 이야기다. 셋째, 지식을 바로잡기란 여성을 향한 혐오와 고정관념, 불평등을 강화하고 이에 이바지하는 과학지식을 고쳐야 한다는 이야기다. 이 중에서 과학지식 자체에 관한 문제는 숫자, 제도에 관한 문제보다 더 은밀하고 풀기 까다롭다(이에 대해서는 뒤에서 좀 더 자세히 이야기한다).

세 가지 층위는 각각 독립적이지 않고 서로 밀접한 관계를 맺는다. 과학기술 분야에 종사하는 여성의 수가 늘어나면 이들의 목소리가 커져 제도의 변화를 이끌 수 있고, 이는 여성이 각자의 분야에서 오래 안정적으로 활동할 수 있게 도와 여성의 삶과 경험에 맞는 지식 생산에 도움이 된다. 반대로 특정 과학 분야가 여성이 세계를 보는 관점과 잘 들어맞는 지식을 생산한다면, 이 분야에 마음이 이끌린 여성이 더 많아질 수 있고, 해당 분야에 진출한 여성의 수가 늘어남에 따라 여성의 생애주기에 걸맞은 제도가 정착할 수 있다.

요컨대 과학기술 분야에서 여성이 소외되는 방식은 수, 제도, 지식의 측면이 모두 얽혀 있고 이들이 서로 영향을 주기에 어느 한 측면만을 단독으로 꼬집어 말하기 어려울뿐더러 올바르지도 않다. 즉, 과학기술 분야가 여성의 삶과 관점을 배제하지 않는 방식으로 발달하려면 여성의 수 자체도 늘어나야 하고 제도 또한 바뀌어야 한다.

우리는 한번도 공평하게 싸운 적이 없다

과학만큼 권위 있는 지식이 또 있을까. 일상의 곳곳에서 맨스플레인을 마주치지만, 과학기술을 말하는 맨스플레인은 다루기가 더 난감하다. 이들은 과학기술이 만들어낸 '객관적 지식'으로 무장하여 말한다. 나의 페미니스트 친구들(대체로 인문학과 사회과학을 전공했다)은 종종 이공계 남자들이 생각 없이 뱉어낸 성차별적 발언에 적절히 대응하지 못한 걸 통탄했다. 분명 저 이야기는 성차별적 발언인데 과학 어쩌구를 붙여놓으니 반박하기 어려웠다는 것이다. 에헴, 안경을 척 올리며,

"여성의 뇌와 남성의 뇌는 다르다."

"여성은 더 감정적이고 언어 능력이 풍부하지만, 남성은 논리력과 추리력이 뛰어나다."

"여성의 모성본능은 진화의 결과다."

"남성의 바람기, 혹은 강간 본능은 자연스러운 것이다 (적응이다)."

"여성(난자)은 소극적이고 남성(정자)은 적극적이다."

"여성이 과학 분야에서 활약하지 못하는 것은 그만큼 남성보다 생물학적 능력이 떨어지기 때문이다. … 그러니까 남성과 여성은 원래 다르다. 다르니까 서로 이해하고 친하게 지내자. 페미니즘 말고 이퀄리즘!"

이렇게 말하는 이들을 얼마나 자주 마주쳐왔나. 특히 진화심리학을 기반으로 성차별 발언을 정당화하는 말이 너무 지겨운 나머지 친구 중 한 명은 "이제 진화라는 말이 나오면 쟁반 노래방처럼 머리 위에서 쟁반이 떨어져야 한다"고 말하기도 했다. 성차별 발언은 싫지만 진화론은 좋아하는 나는 적절히 답할 말을 찾지 못하고 우물쭈물하며 웃기만 했다.

여성과 남성의 생물학적 차이에 기반을 둔 근거는 다른 어떤 근거보다 강력하게 여겨진다. 생물학적으로 지적 능력에 근본적인 차이가 있다고 믿는 사람들에게는 '동일노동 동일임금' 같은 표어가 도리어 불공평하게 들릴 것이다. 능력 차가 존재하는데 이를 인정하지 않는다고 생각하기 때문이다.

앞서 스트리클런드 교수가 유명하지 않은 것은 그의 학자적 자질이 낮기 때문이라고 지적한 것처럼, 사람들은 여성과 남성의 차이를 다룰 때 자주 원인과 결과, 선후 관계를 혼동한다(이는 다른 소수자 문제에서도 마찬가지다). 여성이 과학기술 분야에 재능이 없어서 이 분야에 수가 적은 것이 아니라, 수가 적기 때문에 과학기술 분야에서 자기 자리를 찾고 재능을 보일 기회가 없었던 것이다. 받아들이기 어렵다면, 최소한 이거라도 떠올려보자. 여성은 단 한 번도 남성과 동일 선상에서 출발한 적이 없다. 다른 모든 분야가 그렇지만 과학기술 분야는 특히나 더 그렇다.

최초로 대학을 졸업한 남자와 최초로 대학을 졸업한 여자는 시기상 얼마나 차이가 날까? 100년? 500년? 그 차이는 자그마치 800년이다. 19세기 후반이 되어서야 대학 학위를 받은 여성이 등장한다. 여성이 남성보다 지적 능력이 뛰어난지 열등한지 알고 싶다면 최소 800년은 기다려봐야 하지 않을까?

프랑스 과학아카데미와 영국 왕립학회는 17, 18세기 동안 근대 과학의 기틀을 다진 대표적인 기관이다. 무엇이든 사람들이 모이는 곳에 권력이 생기고 지식이 펼쳐진다. 당대에 과학에 관심을 두고 진지하게 연구하는 사람들은 두 기관에 모여 교류하면서 오늘날 우리에게 익숙한 모양새의 과학을 만들어냈다. 이들은 모두 남자였다.

1660년 세워진 영국 왕립학회는 285년 뒤인 1945년이 되어서야 처음으로 여성 회원을 받았다. 1666년에 세워진 프랑스 과학아카데미는 313년 뒤인 1979년이 되어서야 여성을 정식 회원으로 인정했다. 이들이 여성을 회원으로 인정하지 않은 것은 그럴만한 여성이 없어서가 아니냐고 묻고 싶다면 마리 퀴리를 예로 들겠다. 방사성 물질을 발견하여 여성 최초로 노벨상을 받고 물리학상과 화학상을 동시에 받은 유일한 인물인 마리 퀴리(퀴리 부인이라고 부르지 말자)는 여성이라는 이유로 여러 차례에 걸쳐 프랑스 과학아카데미 회원 자격을 거부당했다.

과거처럼 명시적으로 여성을 끼워주지 않는 건 아니라고 하더라도 오늘날에 과학기술 분야의 여성 역시 은밀하고 촘촘하게 소외된다. 어릴 때부터 부모 혹은 교사가 가진 무의식적인 편견과 성 역할 고정관념은 어린 여자아이가 자신의 미래의 모습을 상상하는 데에 영향을 미친다

("여자가 물리학을 해?"). 대학에 진학해 연구를 지속하는 과정에서도 어려움은 계속된다. 여남 모두 동등하게 쓸 수 없는 출산·육아 휴직(어느 교수 왈, "엄마는 온전한 학생일 수 없고, 학생은 온전한 엄마일 수 없다"), 마초적인 이공계 학계 분위기(친구 왈, "페미니스트인 걸 숨기며 살아야 해"), 교수 임용 과정에서 남성 생계부양자가 아니라며 받는 차별, 연구실 내 성폭력 등등 문제는 차고 넘친다.

전체 과학기술 연구 개발 인력 중 정규직 여성 인력은 전체의 16.2%에 불과하다. 과학기술 분야에서도 여성은 남성보다 더 값싸고 더 불안정한 자리를 얻는다. 과학기술 분야에 신규 채용된 정규직 중 5천만 원 이상의 연봉을 받는 남성은 전체의 33.7%이지만, 여성은 19.6%만이 높은 연봉을 받는다. 과학기술 연구 인력 중 비정규직으로 채용되는 남성은 전체의 16.9%이지만, 여성은 35.6%가 비정규직이다. 간신히 정규직으로 채용이 되었다고 해도 오래 다니기 어려우며, 역할모델로 삼을 여자 선배 역시 매우 부족하다. 이공계 대학, 공공 연구기관, 민간기업 연구기관을 모두 합쳐서 여성 관리자 규모는 전체의 10%다.[1]

---

1 과학기술정보통신부·한국여성과학기술인지원센터(2018), 「2018년도 여성과학기술인력 활용 실태조사 보고서」.

왜 이런 일이 발생하는 걸까. 출산 및 육아 휴직을 도입한 민간기업 연구기관은 95% 이상이지만, 여남 모두 동등하게 사용하지 못한다. 30세에서 34세 공학전공 기혼 여성의 경력단절률은 42.4%에 이른다.[2] 출산 및 육아 휴직 후 재취업에 소요되는 시간이 너무 길고(평균 4.5년), 재취업한다고 하더라도 경력단절 전(176.3만원)보다 경력단절 후(109.9만원) 임금이 턱없이 줄기 때문이다.[3]

다시 한번 강조하자면, 여성은 남성과 역사적으로 볼 때나 제도적으로 볼 때나 동일 선상에서 출발한 적이 없다. 여성과 남성이 과학 분야에서 정말로 '생물학적 차이'를 보이는지를 공평하게 따지기 어렵다는 뜻이다.

그럼에도 여성과 남성이 가진 생물학적 차이를 강조하는 연구가 미디어에 자주 등장하는 것은 어째서일까? 이같은 연구 결과가 사회의 고정관념에 들어맞는 만족스러

2　한국여성과학기술인지원센터(2013), 「2012년도 여성과학기술인 양성 및 활용통계 재분석 보고서」; 과학기술정보통신부 · 한국여성과학기술인지원센터(2013), 「여성과학기술인력 활용 실태조사 보고서」.

3　여성가족부(2013), 「경력단절여성 등의 경제활동실태조사 원자료 재분석」; 한국여성과학기술인지원센터(2016), 「2015년도 여성과학기술인 양성 및 활용통계 재분석 보고서」.

운 설명이기 때문이다. 차이에 관한 연구는 그 차이가 권력과 관계있을 때 과학적으로 흥미로운 것이 된다. 이런 함정이 있다. 차이를 발견하고자 하는 연구는 차이가 발견되지 않았을 때 발표되지 않는다. 주로 차이가 발견될 때 발견된다. 이 때문에 실제보다 차이가 과대재현될 수 있다. 만약 누군가가 과학 분야에서 여성의 성취가 적다는 이유로 여성이 남성보다 생물학적으로 과학적 지능이 열등하다고 주장하고 싶다면, 똑같은 논리로 유색인종이 백인보다 생물학적으로 열등하다고 말해야 한다. 역사적으로 굵직한 과학 연구를 한 압도적 대다수는 백인 남성이었으니까.

하지만 오늘날 금발인 사람과 흑발인 사람, 곱슬머리를 가진 사람과 직모를 가진 사람, 푸른 눈을 가진 사람과 검은 눈을 가진 사람의 차이는 중요한 연구 주제가 되지 못한다. 아니 되어서는 안 된다. 이러한 연구 질문 아래에 인종차별적 인식이 스며들어 있기 때문이다. 도대체 이게 왜 궁금한가? 저쪽과 우리 쪽을 구분 짓기 위해서? 구분 지어 무엇을 하고자 하나? 역사적으로 눈동자, 머리카락 색깔의 차이에 따른 생물학적 차이에 과학적 관심이 쏠릴 때가 있기도 했다. 나치정권의 통치 아래에서다. 이들은 생물학에 지적 기반을 두고 흑인, 유대인, 동부 유럽인을 열등시하면서 인종위생, 강제불임, 집단학살 등을 저질렀다. 인간과 인간 사이의 생물학적 차이는 한쪽 집단이 나머지 다른 집단보다 더 우월하다고 믿는 사회에서 주목할 만한 관심사가 된다.

흥미로운 점은 성차에 관한 이분법적이고 차별적인 고정관념이 자연과학 지식에서 재생산되고 이러한 과학지식이 다시 기존의 고정관념을 강화한다는 것이다. 다시 말해 사회적 사실(고정관념)과 자연적 사실(과학적 지식)이 순환하며 서로가 서로를 구성한다. 예를 들어 여성은 감정적이고 남성은 이성적이라는 고정관념은 이러한 고정관념을 뒷받침하는 과학지식을 만든다. 과학 대중서 『화성에서 온 남자 금성에서 온 여자』처럼 뇌과학이나 성호르몬에 기반한 과학지식이 대표적이다. 이렇게 생산된 과학지식은 다시 여남의 성역할에 관한 고정관념을 강화한다.

과학기술 지식을 통해 여성과 남성의 차이를 정당화하는 사람들이 생겨나는 것은 우리 사회의 오래된 믿음, 바로 과학기술이 만들어낸 지식이 '객관적'이라는 사실이 굳게 전제되어 있기 때문이기도 하다. 그러나 과학은 정말 사회와 문화와는 무관한 것일까?

진공 속에서 만들어지는 지식은 없다

역사상 가장 유명한 SF소설 『프랑켄슈타인』을 비유 삼아 설명해보고 싶다. 1818년 영국의 여성 작가 메리 셸리에 의해 쓰인 이 소설에서 '프랑켄슈타인'이라는 이름은 과학자가 창조해낸 끔찍한 외모의 괴물을 이르는 말로 유명하지만, 사실은 괴물이 아니라 과학자의 이름이다. 프랑켄슈타인 박사는 여섯 구의 시체를 끌어모아 만든 괴물에게 이름을 지어 주지 않았다. 프랑켄슈타인이라는 이름이 과학자가 아닌 괴물을 가리키는 말로 변하면서, 대중의 관심 역시 괴물을 만든 사람보다는 괴물 자체에 쏠리게 됐다. 곧 괴물을 창조해내 괴물과 괴물 주변인들을 고통스럽게 한 책임이 있는 과학자의 존재는 어둠 속으로 사라졌다.

이러한 양상은 과학지식을 생산해낸 사람이 누구인지, 또 그가 속한 사회는 어떤 사회였는지 우리가 더는 묻지 않게 된 것과 유사하다. 공자와 데카르트와 같은 철학이나 괴테, 도스토옙스키 같은 문학을 공부할 때 우리는 이들이 속해 있던 시간적 · 공간적 배경을 어렴풋하게나마 상상할 수 있다. 그러나 주기율표나 열역학 법칙, 기체와 압력의 관계를 나타내는 방정식을 배울 때 우리는 이러한 지식이 생산된 구체적인 시공간적 배경을 상상하기 어렵다. 전자와는 달리 기억해야 할 중요한 정보로 여겨지지 않아 왔기 때문이다.

보일의 법칙을 외우고 배우면서도 로버트 보일이 17세기에 살았던 영국 귀족이며 어째서 보일을 제외하고 그를 도와 실험에 참여했던 수많은 테크니션들은 역사 속으로 사라졌는가는 상상하기 어렵다. 우리가 배우는 모든 과학 지식이 서양 근대 백인 중산층 남자라는 전 세계 인구의 극히 소수를 차지하는 사람들이 만들어낸 것이라는 사실을 상상하기 어렵다. 정치나 경제뿐만 아니라 지식의 세계에서도 침략이 이루어질 수 있다는 사실을 상상하기 어렵다. 과학기술 지식이 객관적이고 보편적인 지식이라는 생각은 너무나 강력해서, 한국의 과학자들 역시 자신들이 공부하는 지식이 '수입된 것'이라는 자각이 별로 없다(이것은 사실 인문사회계도 비슷하다).

과학과 페미니즘을 함께 말할 때 자주 난처하다. 이 만남이 엉뚱하다고 생각하는 사람들을 설득하기 위해서는 '과학은 어느 시대나, 어느 장소에나 적용할 수 있는 보편타당한 지식을 생산한다'는 믿음부터 흔들어야 하기 때문이다. 그게 무엇이든 인간이 만든 모든 지식은 특정한 맥락 안에서 만들어진다.

이것은 객관성을 지향하고자 하는 과학의 특성을 전면적으로 부인하는 말이 아니다. 오히려, 그 목표를 잘 이루기 위해서는 과학지식을 생산하는 연구자의 위치를 잘 확인하여야 하고, 그래야 한 사회의 속한 인간이기에 갖게 되는 어쩔 수 없는 편견 등을 과학지식에서 제거할 수 있으며, 이를 통해 더 나은 과학을 할 수 있다고 말하는 것이다. 통념과는 반대로, 과학이 불편부당한 지식을 생산하는 학문이라고 믿으면 믿을수록 역설적으로 과학지식이 도덕적, 정치적 행위의 도구로 유용해진다. 나치 정권 아래에서 인종 간 생물학적 차이를 말하는 지식이 잔혹한 행위를 정당화하는 도구로 쓰였던 것처럼 말이다. 우리는 늘 질문해야 한다. 이 지식은 어디에서, 누구에게서 왔는가?

이제부터는 구체적인 과학사 사례를 몇 가지 들어보려한다. 오늘날 과학이 성차별적인지 헷갈린다면 역사적 사례를 통해 같은 실수를 되풀이하는 것은 아닌지 살펴보는게 도움이 된다. 그때나 지금이나 과학자들은 성차별적 연구를 발표할 때마다 자신들은 과학 연구를 하며 객관적인 지식을 제시할 뿐이라고 말해왔다.

과학은 사실 탄생부터 여성과 친하지 않았다. 오늘날

실험실에서 혹은 현장에서 이루어지는 과학은 르네상스 운동 이후 16, 17세기를 거치며 형성됐다. 근대적인 과학 방법론이란 자연을 인위적으로 조작하고, 탐색하고, 실험하고, 결과를 건조하고 명료한 언어로 서술하고, 이를 동료 과학자가 확인하게 하는 것 등이다.

이것은 원래 과학적 방법이 아니냐고? 16, 17세기 이전에 자연을 탐구한 학자는 자연은 있는 그대로 어떠한 조작도 가하지 않을 때 자신의 진짜 모습을 드러낸다고 생각했다. 따라서 인위적인 조작을 가해 자연을 '실험'하는 것은 제대로 된 자연을 탐구하는 방법이 아니라고 생각되었다. 근대 과학 탄생 이전의 자연철학자는 아리스토텔레스의 자연철학 전통 아래에서 실험보다는 사유를 통해 자연을 탐구했다.

영국의 철학자이자 정치인인 프랜시스 베이컨은 근대적 과학 방법론의 기틀을 다진 대표적인 학자다. 베이컨은 처음부터 '남성적인' 과학을 주창했다. 그는 자신이 극복해야 했던 전통인 아리스토텔레스의 철학이 나약하고, 수동적이고, 무기력하다면서 '여자와 같다'고 비난했다. 앞서 소개한 영국 런던 왕립학회 역시 명시적으로 남성적 철학의 위상을 높이는 것을 목표로 삼았다.

그들이 말하는 남성적 철학의 특징은 프랑스어가 아니

라 영어를 강조하고, 사변이 아닌 경험을, 이론이 아닌 실습을 중시하는 것이었다. 런던 왕립학회 사람들이 보기에 프랑스의 지식 문화는 너무 여성적이었는데 이유는 파리지앵 살롱이 중심이 되어 이루어지는 프랑스의 지식 생산 문화에서는 귀부인들이 중심이 되어 두드러진 역할을 하기 때문이었다.[4]

하지만 이들이 말하는 '여성성'은 기본적으로 여성과 연계점이 없다. 오히려 베이컨이 자연에 조작과 통제를 허용하는 새로운 철학을 가지고 오기 위해서 이와 반대되고 오래된 것들을 '여성적인 것'으로 치부하고 자신들이 긍정하고 새로 만들려는 것을 '남성적인 것'으로 설정한 것에 가깝다. 쉽게 말하면 좋은 것은 남성적이고, 나쁜 것은 여성적이라는 이야기다.

두 번째 사례. 17세기를 거치면서 '성적 상보성 이론'이 정립됐다. 남성과 여성은 생물학적으로 차이를 가지고, 서로 모자란 부분을 보충하는 관계라는 이론이다. 이때 여성에게 주어진 '보충하는 역할'이란 곧 출산과 육아다. 성적 상보성 이론은 여성은 수동적이고 재생산에 더 적합

4   Schiebinger, Londa(1991), The mind has no sex?: Women in the origins of modern science. Harvard University Press (『두뇌는 평등하다: 과학은 왜 여성을 배척했는가?』, 조성숙 역, 서해문집, 2007)

하기에 학습과 추론이 필요한 남성적 일에는 어울리지 않는다고 말했다. 곧 여성은 과학과 정치와 같은 공적인 활동에는 어울리지 않으며 가정에 충실해야 한다. 이때 자주 사용된 메타포가 '모험적인 정자'와 '수동적인 난자'였다.

고대 자연철학 전통에서 여성을 남성의 불완전한 버전으로 보고 열등한 존재로 그렸다면 근대의 성립된 성적 상보성 이론은 좀 더 교묘했다. 이 이론은 여성과 남성에 대해 도덕적, 신체적으로 동등한 존재가 아니라 서로를 보완하는 존재로 그린다. 여성은 남성보다 열등한 존재가 아니라 남성과 근본적으로 다르며 비교 불가능하며, 공적이고 합리적인 남성과는 달리 사적이고 다정한 존재라고 말한다.

어딘가 익숙한 이야기인가? 성적 상보성 이론은 여성과 남성이 다르다고 말하며 여성에게 교육, 정치 참여, 지식 생산의 기회를 주지 않았다. 이전에는 여성이 남성보다 열등하고 불완전하다고 말하며 기회를 주지 않았다면 이번에는 여성이 남성과는 다르다고 말하며 기회를 주지 않은 것이다. 성적 상보성 이론은 '열등하다'는 말을 '다르다'는 말로 대체함으로써 새롭게 도래한 자유민주주의 사회에 모순되지 않는 방식으로 여남의 불평등을 당연한 것으로 만들고 여성이 벗어날 수 없는 사회적 위치(바로 가정)까지 지정했다. 이에 여성은 민주주의가 도래한 사회에서도 어머니이자 양육자 역할만을 떠맡아야 했다.[5]

당시 수많은 과학자가 성적 상보성 이론을 정당화하는 해부학·생리학 연구를 발표했다. 대표적으로 골상학이 있다. 여성의 골격을 남성과 다르게 그린 해부학 교과서가 등장하기 시작한 18세기 중엽, 성차를 구분하는 최초의 기준은 골격이었다. 당대 해부학자들은 "여성 골격의 유형은 많은 부분 아동이나 열등한 인종의 골격과 유사하다"고 설명했다.

인류학자 맥그리거 앨런은 1869년 「남녀 정신의 진정한 차이에 대하여On the Real Differences in the Minds of Men and Women」라는 논문을 발표했다. 이 연구에서 앨런은 여성의 뇌는 동물의 뇌와 비슷하며 내부 감각기관은 정상적인 뇌를 침식하며 과하게 발달했다고 지적했다. 그리고 이것이 여성이 남성보다 비이성적이며 감정적이라는 사실을 설명해 준다고 믿었다.

골격을 통해 열등함을 입증하려는 연구는 여성에게 한정되지 않았다. 흑인의 두개골을 백인과 비교하는 연구 역시 활발하게 전개됐다. 19세기 내내 턱의 모양, 안면

5 위의 책.

각도, 골격과 척추 사이의 각도, 골격의 모양 등 두뇌에 관련된 지표가 매우 증가했다. 인류학자들은 두개골학에서 사회 정치적 입장을 정당화하는 증거를 얻으리라 생각했다. 여성운동이 노예제 반대 운동과 마찬가지로 불합리하다고 생각했기 때문이다.

이러한 설명 방식은 18세기 중반에 나타나 20세기 초까지 이어지며 학계에서 적극적으로 채택되다가 훗날 비과학적이라 판명되어 마치 과학의 역사에서 애초에 없었던 일처럼 사라졌다. 당시 과학자들은 말했다. 우리는 편견을 가진 것이 아니며, 단지 과학적으로 밝혀진 '객관적' 사실만을 이야기하는 것뿐이라고.

이 같은 사례는 단지 지나간 잘못된 과학의 역사일 뿐일까? 오늘날은 어떠할까?

1975년 생물학자 에드워드 윌슨은 『사회생물학Sociobiology』을 출간하며 진화에서 성차를 설명할 때 핵심적인 개념인 성 선택Sexual selection 개념을 인간에게도 적용했다. 여성은 짝짓기 상대를 고를 때 까다롭고 소극적인 존재이며 남성은 공격적이고 적극적인 존재라는 이야기다. 윌슨은 이것이 남녀의 진화적 전략이며 적응의 결과라고 주장했다.

윌슨의 사회생물학의 힘입어 2000년에는 생물학자 랜

디 쏜힐과 인류학자 크레이그 팔머가『강간의 자연사: 성적 강제의 생물학적 기반들A Natural History of Rape: Biological Bases of Sexual Coercion』을 출간하기도 했다. 강간은 짝짓기 시장에서 도태된 남성의 진화적 전략이라고 주장한다. 사회생물학은 사회적 약자에 대해 그들이 약자일 수밖에 없는 과학적 근거를 제시하며 이것이 생물학적으로 불가피하다고 주장했다.

페미니스트를 비롯한 다양한 분야에서 비판이 쏟아지자 이들은 과학적 사실에 가치를 개입시키지 말라며 자신들은 '객관적' 연구 결과를 말할 뿐이라고 항변했다. 나는 진화론 전체가 잘못되었다고 주장하지 않는다. 진화론 안에서도 잘못된 설명이 있으며 이를 바로잡아야 한다고 말할 뿐이다. 여성을 둘러싼 차별적인 사회구조적 문제가 산적해 있는데도 이를 외면하고 섣불리 표면적으로 드러난 성차를 생물학으로 정당화하는 잘못된 환원주의가 나쁘다. 불평등으로 벌어진 성차를 생물학적 환원주의로만 바라보게 되면 우리는 더이상 이를 바로 잡으려고 시도하지 않게 된다.

성 호르몬으로 성차를 설명하는 모델도 문제가 있다. 성차를 성 호르몬으로 설명하는 이들은 성 호르몬이 생식과 무관한 기관인 골격이나 혈액, 심지어는 뇌에까지 확

장해 설명한다. 여성에게도 남성 호르몬이 있고 남성에게
도 여성 호르몬이 있다는 연구가 발표된 이후에도 이들은
'주기성 대 안정성' 모델로 성차를 설명하고자 했다. 곧
여성은 생리를 해서 주기적으로 성 호르몬이 변화하지만,
남성은 그렇지 않아서 성 호르몬이 안정적이라는 주장이
다. 그러나 여성의 월별 생체주기를 조절하는 호르몬뿐
아니라 호르몬 대부분은 시간 주기, 일주기, 계절 주기,
일생 주기를 갖는다.

여성 호르몬은 특히 질병에서 성차가 나타날 때 만병통
치약처럼 손쉽게 붙는 설명이기도 하다. 특정 질병에 여
성이 더 취약할 때 이것이 '에스트로겐' 때문이라고 말하
고 어떤 설명도 덧붙이지 않는다면 이것은 사실상 여성
을 취약하게 만드는 또 다른 신체적, 사회적, 경제적 요
인을 알아보지 않겠다는 말과 다름이 없다. 우울증을 예
로 들 수 있다. 전 세계적으로 여성은 남성보다 우울증이
1.5~2배 흔하다. 이유를 에스트로겐으로만 든다면 이는
게으른 설명이다. 성 호르몬에 환원하여 설명하고 끝낸다
면 여성을 우울하게 만드는 특정한 직업적, 환경적, 가족
적 요인을 무시하게 되기 때문이다.

과학 이론은 여성에게는 원래 자연과학 능력이 부족하
고 궁극적으로 남성보다 더 열등하다고 끊임없이 주장한

다. 현실에서는 여성이 뛰어난 능력을 보여주고 있고 오히려 제도가 그것을 뒷받침해주지 못하고 있지만 말이다. 여성의 지적인 열등함에 관한 연구는 이렇듯 현실과 부합하지 않다고 하더라도 지속적으로 이루어져 왔고 앞으로도 계속될 것이다.

이공계 여성이 자신을 의심하지 않기를

페미니스트로서 우리는 과학을 버려야 할까. 그럴 수는 없다. 과학을 내버려(?) 두면 둘수록 과학은 성차별적인 지식을 계속해서, 더 많이 생산하게 될 것이다. 페미니스트 역시 과학이라는 훌륭한 도구를 잃게 된다.

페미니즘 내에서도 과학을 바라보는 다양한 관점이 존재한다. 과학 자체를 남성적인 것으로, 자연을 여성적인 것으로 보며 과학기술이 본질적으로 페미니즘과 함께 갈수 없다고 보는 관점도 있고, 가사기술이나 재생산 기술과 같은 과학기술의 발달이 여성 해방을 이끌 것으로 보는 관점도 있다.

그러나 어느 쪽이나 과학기술과 자연, 그리고 여성/여성성과 남성/남성성을 고정불변하는 것으로 상정했다는 점에서 한계가 있다. 본질적으로 여성적인 것 혹은 남성적인 것이 무엇인지 말하기 어렵듯 과학기술이 여성에게 본질적으로 해방적인지 억압적인지도 단언하기 어렵고 그래서도 안 된다. 깨뜨려야 할 것은 오히려 '객관적' 과학지식의 생산 과정에 페미니즘과 같은 정치적 태도가 개입해서는 안 된다는 통념 아닐까.

'나쁜 과학'을 찾아내고 이를 새롭게 바꾼 사람들 역시 페미니스트들이었다. 앞서 설명한 과학의 탄생 과정에서 여성과 소위 여성성이 어떻게 배제되어왔는지를 비판적으로 살펴본 연구 역시 캐롤라인 머천트, 이블린 폭스 캘러, 론다 시빙어 같은 페미니스트 과학사가들 덕분이었다.

19세기 의사들은 여성의 월경을 병적인 현상으로 여기고 월경 기간 중 지적인 활동을 피하고 누워서 쉬도록 권하곤 했다. 이때 여성의 월경 경험을 새롭게 연구하며 가벼운 운동과 일상활동을 권장하는 의학 이론을 만든 사람은 남자 의사가 아니라 영국 여의사협회의 크리스틴 머렐 같은 페미니스트 의사였다.

남성이 여성보다 두개골이 크기 때문에 지능이 더 우수하다는 19세기 골상학의 뿌리 깊은 편견을 흔든 사람도 런던 유니버시티 칼리지의 앨리스 리라는 여성 과학자였다. 다윈의 진화론이 처음 등장하여 여성의 열등함을 주장할 때 진화론을 새롭게 해석해낸 사람도 영국 최초의 여성 의사 엘리자베스 블랙웰이었다.

최근에는 소위 '혁신'을 위해 성과 젠더 분석을 과학기술 연구에 적극적으로 도입하자는 흐름도 있다. 과학사학자 론다 시빙어 교수가 2009년 제안한 '젠더혁신' 프로젝트다. 이 프로젝트는 현직에 종사하는 과학기술 연구원들이 실질적으로 참고할 수 있는 성과 젠더 분석 방법론과 사례를 제공한다. 성적으로 편향된 고정관념이 연구에 반영돼 잘못된 연구 결과가 나온 구체적인 사례를 보여줌으로써 성과 젠더를 연구에서 고려하면 생명과 돈을 희생하지 않는 더 혁신적인 연구를 할 수 있다고 설득하는 프로젝트다.

나 역시 페미니즘에게 과학이 강력한 무기가 될 수 있다고 생각하고, 과학에 페미니즘이 더해질 때 더 나은 지식이 만들어질 수 있다고 믿는다. 무엇보다 기존의 질서를 흔들고 당연한 사실, 당연한 전제를 의심하게 만드는 것이 페미니즘의 힘이라면 이러한 페미니스트의 태도가 과학이 가진 '객관성'에 대한 믿음을 흔들어 과학에서도 주변화되었던 사람과 사회, 지식을 발견하고 더 평등하고 혁신적인 지식을 생산하는 데 도움이 될 것이라고 생각한다.

소위 '문과' 출신의 페미니스트가 과학기술에 무지하지 않기를 바란다. 다른 분야에 손을 뻗는 것과 마찬가지로 개입하고 바꾸려 들기를 바란다. 그러기 위해선 과학기술을 공부할 필요가 있다. 당연히 몰라도 되는 분야라고 생각하지 않았으면 좋겠다.

마찬가지로 과학기술 분야에 있는 여성들에게 좀 더 애써보자고 말하고 싶다. 남성 중심적인 문화에 학을 떼고 떠나기보다는 머물러 보자고 말하고 싶다. 물론 이것은 어렵다. 눈물이 날 만큼 외롭고 고되다. 학계에서 여성으로서 살아남기란 쉽지 않지만, 페미니스트로서 살아남기란 더더욱 쉽지 않다.

여성학이 학계에서든 대중에서든 학문의 전문성을 자주 의심받는 것처럼, 타 학문 분야에서 페미니즘의 관점으로 연구를 하는 사람들도 자주, 상당히, 꾸준하게, 전문성을 인정받지 못하고 '편파적인' 연구를 하는 사람으로 여겨진다. 이것은 더 높은 학위를 받으려고 할수록, 더 높은 자리를 차지하려고 할수록 심해진다.

자기 자리를 찾으려고 여성이 애를 쓰면 쓸수록 세상은 말할 것이다. "일이 잘 안 풀리는 건 당신이 부족해서야." 이 말은 여성이 학계에서 가지는 모든 어려움을 가리면서, 연구자가 자신의 능력을 끊임없이 의심하게 한다. 짐작은 하지만 누구도 입 밖으로 꺼내지 않은 이유("여자라서")로 여러 번 실패를 반복하다 보면 그게 누구든 얼마나 잘났든 연구자는 점차 자신감과 자기 확신을 잃기 마련이다.

그러니 강조해서 말하고 싶다. 세상이 나를 깎아내리려 하더라도 마지막까지 나 자신을 믿어 주자고. 서로를 믿어 주자고. 그렇게 지내다 보면 언젠가 뒤에 올 여자들에게 '버텨줘서 고맙다'는 말을 들을 수 있을지도 모른다. 내가 위에서 소개한 페미니스트 과학자 언니들에게 느꼈던 것처럼 말이다.

우리가 하는 일은 이전에는
없던 길을 만들어가는 것

최현희

강남역에 하얀 국화를 놓고
온 다음날, 학교 뒷마당에서
뛰어 노는 여학생들을 보며
복도에 선 채로 펑펑 울었다

최현희
페미니스트 교사라고 다 좋은 교사는 아
니겠으나, 페미니스트 교사가 아니면서
좋은 교사일 수는 없다고 생각한다.
오늘도 불편한 학교에서 불편하게 살고
있다. 『페미니스트 선생님이 필요해』와
『페미니즘 교실』을 함께 썼다.

페미니즘은 내게 '좋은 교사'가
무엇인지 물었다

내가 초등학생일 때 큰 인기를 모았던 〈천사들의 합창〉이라는 멕시코 드라마가 있었다. 초등학교 교실을 배경으로 개성 강한 어린이 캐릭터들이 활약을 했는데 그 중심에는 히메나 선생님이 있었다. 반 묶음을 해서 늘어뜨린 긴 머리에 예쁜 원피스를 입고 상냥한 미소를 짓는 천사 같은 선생님. 내가 어렸을 때부터 장래희망 칸에 교사를 쓰게 된 데에는 히메나 선생님의 영향도 있었을 것이다. 그처럼 되고 싶었다. 그는 완벽했고 드라마 안과 밖에서 많은 사람들의 사랑을 받았다. 지금 생각해보면 히메나 선생님은 현실의 인간이라기보다는, 여성이 직업에서도 이상화된 모성을 수행하길 바라는 사회의 욕망이 투영된 판타지에 가까웠다. 그를 보며 장래희망을 교사로 꿈꾼 나는 모종의 사기를 당한 셈이다. 내가 히메나 선생님처럼 따뜻하고 우아한 선생님이 될 거라고 생각했다. 나는 아이들을 좋아하니까 당연히 그렇게 할 수 있을 거라고 믿었다.

하지만 페미니즘은 내가 한번도 생각해보지 못했던 질문을 던졌다. '아이들을 좋아한다'는 것은 무엇인가?

몇 세 이하의 인간을 '아이'라는 범주로 단단히 가르고, 그것이 마치 하나의 균질한 집단이라도 되는 것처럼 선호를 논하는 것이 가능한 일인가. 아이들을 좋아한다고 말할 때 나는 아이들의 어떤 속성을 떠올리는 것일까. 순수함? 해맑음? 낙천성? 여자의 속성이라고 여겨지는 통념이 개별적이 한 인간을 제한 짓고 옭아매는 것처럼, 내가 어떤 이들을 아이라고 분류하는 순간 나의 머리 속에서 벌어지는 일들이 또다른 아동혐오나 편견으로 이어지는 것은 아닐까. 고민이 시작되자 교실에서 아이들을 대하는 나의 모든 말과 행동이 낯설고 부자연스럽게 느껴졌다.

그 뒤로 교실에서 학생들을 대하는 나의 말과 행동을 하나하나 뜯어보고 반성하는 데 많은 시간을 보냈다. 무신경하게 사용해왔던 '아이'라는 단어가 불편해지기도 했다. 학생들을 충분히 존중하는 않는 호칭처럼 느껴졌다. 그럼 '어린이'는 괜찮을까. 아이보다 조금 더 정중하게 느껴지는 표현인 것도 같았지만 고학년 학생들은 손사래를 치며 싫어했다. 사실 학교에서는 호칭을 고민할 필요가 없기는 했다. 이름을 부르면 되니까. 다만 학교 밖에서 학생들을 지칭할 언어가 필요했다. 학교 밖에서까지 '학생'이어야 하는 건 부당하게 느껴진다. 아직까지도 확실한 대안이 없어서 나는 어정쩡하게 아이나 학생, 어린이 등을 적당히 섞어서 쓰고 있지만 (이 글에서도 그럴 것이다. 딱히 단어를 가려 쓰는 기준은 없다) 이 단어들이 가지는 불안정함과 낯설음을 중요하게 간직하려고 노력한다. 이 불편한 감각은 아이라는 말을 똑같이 쓰더라도 그들을 대하는 나의 태도와 행동에 영향을 준다고 믿으니까.

확실한 건 더이상 '귀엽고 순수한' 아이들에게 '사랑을 베푸는' 교사가 더 이상 되고 싶지 않아졌다는 것이다. 그렇다면 무엇을 어디서부터 시작해야 할까. 고민해보니 어렸을 때부터 꿈꾸던 이상화된 초등 여성 교사 이미지로부터 탈출하는 것이 가장 시급했다. 그 이미지는 학생과 교사 모두에게 해로웠다. 정형화된 고정적 여성성을 날마다 재현해서 학생들에게 성별 고정관념을 몸소 가르치는 꼴이었고, 무엇보다 학생들에게 한없이 상냥하고 따뜻한 교사라는 이상화된 이미지는 교사와 학생의 동등한 관계를 전제로 한 것이 아니었다. 학생보다 우월한 지위에서 베푸는 시혜적인 사랑일 가능성이 높았다. 특히 초등 여성 교사에게 기대되는 모성의 역할과 우리 사회의 강박적인 모성 판타지로 인해 여성 교사는 개성을 가진 개별 인간으로 학생들과 제대로 만나보기도 전에 '좋은 교사(엄마) 되기'라는 획일적인 규범과 잣대에 스스로를 가두기 쉬웠다.

그렇게 별 고민 없이 따르던 교사상을 비판적으로 바라보고 페미니즘을 통해 좋은 교사에 대해 다시 질문해 나갈 무렵, 강남역 살인 사건이 있었다. 강남역에 하얀 국화를 놓고 온 다음날, 학교 뒷마당에서 뛰어 노는 여학생들을 보며 복도에 선 채로 펑펑 울었다. 페미니즘을 그저 교육의 문제로만 바라보았던 나의 안일함을 자책했다. 페미니즘은 교육 이전에 생존의 문제였고 그 날 이후로 나에게 교사로서 가장 우선적이고 절박한 실천 의제가 되었다.

당장 내가 할 수 있는 일은 교실에서 일어나는 아주 사소한 폭력과 야만에 더 민감해지고, 일상적으로 사용되는 성별화된 말과 행동에 보다 정확하고 적절한 피드백을 하는 일이었다. 학생들에게 차별이 얼마나 우리의 삶 가까이에 있는지 가르쳐야 했다. 차별을 보고도 그냥 지나치지 않도록, 그래서 차별을 당하는 이들의 곁에 설 수 있게, 차별적 관습을 되풀이하는 사람이 되지 않기 위해.

여성 교사가 매일 마주하는 현실

페미니즘 이전에도 교사로서의 일상은 이미 매일이 투쟁과 고민의 연속이었다. 좋은 교사, 아니, 최소한의 인권을 존중하는 교사가 되기 위해 넘어야 할 장벽은 너무 높고 단단했다. 학교는 겪을수록 교육을 위한 기관이라기보다 그저 유지되기 위해 존재하는 관료 조직에 가까웠다. 발령 첫날, 선배 교사에게 다음과 같은 조언을 들었다.

"교사는 교육자이기도 하지만 공무원이야. 그러니 공문서 처리를 정확하게 우선적으로 잘 수행해야 해."

열정과 포부를 가지고 첫발을 내디딘 신규 교사가 듣기 암울한 조언이었다. 실제로 학교는 교사가 본연의 가르치는 일보다는 행정적 업무능력으로 평가받고 승진을 하는 곳이었다. 그렇게 승진해서 교장이 되면 학생들을 직접 만나지도 않으면서 학교 교육활동에 필요한 모든 의사결정 권한을 독점한다. 불필요한 관행과 잡무로 바쁘게 돌아가는 학교에서 지시 사항에 문제를 제기하거나 질문을 던지는 교사는 공공의 적이 된다. 학급에 대한 체계적인 지원은 없는데 문제가 생겼을 때는 교사 개인에게 책임과 화살이 돌아온다. 열악한 여건에서 직업인으로 적응하고 생존하기 위해서는 교육에 대한 열정이나 창조적인 에너지 같은 건 빨리 비우는 게 상책이었다. 침묵과 현상 유지의 문화가 학교를 둘러쌌고 교사가 매너리즘에 빠지는 건 당연한 수순이었다. 그러나 나는 초임시절, 이 같은 부실한 시스템을 직시하고 비판하기보다 교사 개인의 역량 발휘에 몰두했던 것 같다. 그리고 매너리즘에 빠진 동료들을 쉽게 비난했다. 날마다 답답한 학교와 동료에 분노하며 가슴을 치며 교직 생활을 이어나갔다.

이른바 '좋은 교사 자의식'에 사로잡혀, 악조건 속에서도 '열정'을 잃지 않는 교사가 되기 위한 나의 노력은 페미니즘에 대한 무지를 등에 업고 여성혐오로 나타났다. 제시간에 아이를 데리러 가기 위해 퇴근 준비를 미리 마치고 시계를 보는 여성 동료들을 향해 '여태 공문 처리만 한 것 같은데 정시 퇴근을 하다니 내일 수업 준비를 제대로 하기는 한 것인가' 하고 은근한 경멸을 품기도 했다. 수업을 준비하고 교육을 고민하는 좋은 교사 역할에 도취되어 그들이 가정으로 제2의 출근을 함으로써 사회가 유지되고 있다는 데까지는 생각이 미치지 못했다. 시스템의 무능함을 개인의 열정으로 돌파하기에 그들에게는 남는 체력이 전혀 없었다는 걸 그들과 같은 입장이 되어, 그리고 페미니즘으로 나의 직업을 다시 읽으며 깨닫게 되었다.

반면 남교사들은 대체로 그들만의 카르텔을 만들어 승진을 위해 서로 끌어주고 밀어주기 바빴다. 초등학교에서 남교사들은 숫자가 적다는 이유로 소수자를 자처하지만 중요한 보직은 남성의 비율이 높다. 나는 승진을 향해 학교 업무에 매진하는 교사들(남성 교사의 비율이 높지만 여성 교사들도 있다. 이들은 '평범한' 여교사들과는 또 다른 부류로 분류되었다. 비혼이거나, 기혼이라면 완벽한 슈퍼우먼이거나 가정을 버린 독한 여성이거나...)을 비난하고, 직업과 가정의 이중 노동에 구속된 여성 동료들을 멸시하곤 했다.

대신 학교 교육을 개선하기 위해 고민하고 새로운 교육 실천을 주도하는 교사들을 찾아 나섰다. 교육연극, 민주적인 학급운영, 각 교과의 교육방법론 등 학교 밖에서 전국구로 활약하는 교사들이 많았다. 그들은 학교의 관료적 폐해와 비민주적인 시스템에 문제의식을 갖고 꾸준히 비판적 사유와 실천을 이어갔다. 나는 그들과 나를 동일시하며 영감과 배움을 얻고 한동안 교사로서 성장했다. 출산 이전까지는 그랬다.

그러다 출산 이후 소위 '네임드 교사'로 불리는 이들

이 대부분 남성이라는 사실과, 그 이유를 깨달았다. 승진과 다른 경로이지만 남성 카르텔이라는 점은 동일했다. 페미니즘을 접하고 나서야 그들이 교사로서의 사회적 열정과 책임감을 발휘했던 이유를 다양한 각도에서 이해할 수 있었다. 그들에게는 대부분 가정 일을 책임지고 자녀 양육을 전담하는 여성 배우자가 있었다. 그들에게 가정은 사회적인 활동에 전념할 수 있는 자원이었지, 교육실천가로서의 경력을 단절시키는 새로운 일터가 아니었다. 출산 후에 나는 그들과 같은 길을 걸을 수가 없었다. 가정의 일과 양육을 비교적 공평하게 분담하는 배우자가 나에게도 있었지만 모성이라는 사회적인 압력은 가정 내 역할 분담만으로 해결되지 않았다.

더는 '명망' 있다는 교육실천가들에게 나를 동일시하기 어려웠다. 더구나 그들은 대체로 페미니즘 교육 이슈에도 관심이 없었다. 학교의 부조리와 사회의 억압에 대한 그들의 예리한 통찰이 유독 페미니즘 이슈 앞에서 사라지는 걸 계속 목도했다. 페미니스트 여성 교사로서 나의 교육운동은 그 흐름에서 떨어져 나올 수밖에 없었다.

페미니스트 교사는 이제 그만 찾으라고

페미니스트 교사로서 이름이 알려지자, 많은 사람들이 나에게 배우는 아이들이 행운이라고도 했고, 나 같은 교사가 많아지면 우리 사회가 바뀔 거라고, 페미니스트 교사가 희망이라고 했다. 교사 개인의 변화와 성장을 바라는 거라면 이들의 희망은 타당하다. 그러나 학교와 사회의 변화를 바란다면 페미니스트 교사가 희망으로 직결되기는 어렵다는 걸 언제나 말하고 싶었다. 학교에 페미니즘 교육이 필요하다고 했던 인터뷰 이후 쏟아진 공격과 비난 속에서 페미니스트 교사가 필요하다[1]고 선언하며 지지를 표명하는 사람들에게서 큰 힘을 받았다. 그것은 분명 내게 절실한 연대이고 지지였다. 그러나 이상하게 지지와 격려를 받을수록 외롭고 막막해졌다.

왜 그랬을까. 칭찬받으면서 불편한 감각을 파고들수록 기시감이 느껴졌다. '아줌마 같지 않다'거나, '여자인데 운전을 잘하다니 대단하다'거나 '지혜롭고 현명한 아내'라는 식의 칭찬과 비슷한 면이 있었다. 정확히 들어맞는 비교는 아니나, 집단에 대한 불신과 평가절하를 소환하

---

1   가장 대표적으로 트위터 해시태그 '#우리에게는 페미니스트 선생님이 필요합니다'가 있었다.

여 그 집단에 속한 개인을 추켜올린다는 점이 얼추 비슷했다.

히메나 선생님을 좇아 교사라는 직업을 꿈꾼 내가 그랬듯, 우리 사회에서 교사라는 직업에 대한 상상력은 낮은 편이다. 그만큼 교사의 스테레오 타입은 열정적인 좋은 교사와 게으르고 나쁜 교사로 선과 악처럼 이분화되어 있다. 교사들의 현실적인 근무 여건은 지워지거나 단순하게 그려지기 쉽다. 교사가 마음만 먹으면 학교가 바뀔 수 있다고 믿는 사람들이 생겨나는 이유다.

페미니스트 교사들은 대개 2~30대 여성일 가능성이 높다. 이들은 연공서열 및 나이주의가 굳건한 학교 안에서 가장 목소리를 내기 어려운 위치에 있다. 쉽게 바뀌지 않는 학교의 시스템 속에서 성차별적인 관습과 관행에 맞서 싸우는 것은 어렵고 소모적이므로 영페미니스트 교사들은 교실 안 성평등 수업을 실천하는 데 대부분의 에너지를 쓴다. 그나마 통제할 수 있고 변화를 가져올 수 있는 공간과 대상이 교실이고 30여 명의 학생들이기 때문이다. 성평등 수업안과 자료를 만들어 공유하며 서로 도움을 주고받고, 학교 밖에서는 페미니스트 시민들의 지지와 격려를 받는다.

하지만 여기서 연대가 멈췄다. 성평등 교육을 열심히

하는 교사를 칭찬하는 것. 공적 영역으로서의 학교가 보다 좋은 시스템을 갖추기 위해 시민으로서 어떤 관심과 주장을 가져야 하는지 고민하는 대신, 교사 개인이 '좋은' 교사가 되면 학교가 바뀌고 세상도 바뀔 거라고 희망하는 것. 이 같은 이른바 좋은 교사 담론은 우리 사회의 구석구석에 퍼져 있어서 교사는 별것 아닌 일로 크게 비난받기도 하고(어떻게 교사가 그런 말을! 교사가 되어서 그런 행동을 하다니!) 미담의 주인공이 되기도 한다(정말 학생들을 사랑하는 선생님이야! 이런 선생님이 많아져야 우리 사회에 희망이 있는데!). 나 역시 교사 역할에 대한 사회의 비대한 기대와 이상화된 이미지들로 인해 한편에서는 공격을 받았고, 다른 한편에서는 과분하게 칭찬을 받았다. 우리 사회의 학교 구조 안에서 교사 개인의 실천만으로 얼마나 좋은 교사가 될 수 있을 것인가 질문했을 때 나는 죽도록 노력해도 내가 지향하는 교사상이 될 수 없다는 걸 알고 있다.

페미니스트인 젊은 여성 교사들이 소수라도 자신의 교실에서 성평등 교육을 실천하고 그것을 공유하는 일은 그 자체로 중요한 연대이고 실천이다. 이러한 실천이 페미니즘 교육 담론의 확장과 학교의 변화로 연결되기보다 각자의 교실 안에 머무르는 지금의 현실이 안타깝다. 그러나

누가 이들에게 더 분발하라고, 교실 바깥에서도 목소리를 내고 행동하라고 말할 수 있을까. 현장의 페미니스트 교사들은 이미 더 이상 분발할 수 없을 만큼 분발하고 있다. 학교가 바뀌지 않는 것은 단순히 좋은 교사가 충분히 많지 않아서가 아니다. 학교와 교육에 진지한 열의를 가진 교사들이 주변으로 내몰리고 그렇지 않은 교사들이 헤게모니를 장악하는 현실, 그리고 이런 구조적 문제를 묵인하는 사회와 시민들이 만들어내는 악순환 때문이다.

좋은 교사 담론은 공교육 체제에 대한 사회적 책임을 쉽게 지워버린다. 그래서 페미니스트 교사를 통해 희망을 발견하려는 사람들을 보며 이제는 말하고 싶다. 페미니스트 교사는 이제 그만 찾으라고.

그럼에도, 희망을 선택하기 위해서

2020년 겨울, 경기도교육연수원이 교사자격연수 온라인 강의를 위해 미리 배포한 자료집에 나에 대한 온갖 루머를 담은 글이 실렸다. 페미니즘 교육에 대한 왜곡과 편견, 혐오를 부끄러움도 없이 노골적으로 드러낸 글이었다. 그걸 정정해보겠다고 〈조선일보〉라는 거대 언론사와

2년을 싸워 승소를 하고 이를 증언하기 위해 용기 내어
방송에까지 나갔던 터였다. 그 먼 길을 돌아 내가 공인된
국가연수프로그램에서 당시 조선일보보다 더한 왜곡과
거짓이 연수 자료로 실리는걸 보는 일은 나에게 가혹했다.

상황을 가장 먼저 인지하고 민원 대응을 한 것은 초등
성평등연구회[2]였다. 피해당사자인 내가 감정이 소진될 것
을 막기 위해 고맙게도 초반에 물밑에서 최대한 상황을
바로잡으려고 애써주었다. 그러던 중 내가 속한 단체인
전교조 여성위원회 서울지부 채팅방에 해당 사안이 올라
왔다. "대응을 해야겠는데요."라는 메시지와 함께.

일련의 상황을 인지한 나는 집에 와서 트위터를 켜고
상황을 공유했다. 그러니까 내가 곧바로 할 수 있는 일
은 그런 거였다. 각자 복잡한 삶 속에서 분투하는 어려운
사람들에게 그 어려운 시간을 잠깐 내어달라고 요청하는
일. 세상이 한 방에 바뀌면 좋겠지만 지금 할 수 있는 건
'완벽한 세상이 아니라 사소하고 일상적인 행동의 가능성
을 믿는'[3] 것뿐이었다. 그리고 연대는 놀라울 만큼 즉각적

2 페미니즘 교육을 연구하는 초등학교 선생님들의 모임으로, 페미니
   즘에 관해 생각하고 질문하는 수업을 진행하고 개발하는 일을 하고
   있다.

3 마사 C. 누스바움, 『타인에 대한 연민』, 임현경 옮김. 알에이치코리
   아. 2020.

으로 벌어졌다. 초성연에서 앞서 한차례 강력한 문제제기
가 있었고, 뒤이어 많은 사람들의 민원이 쏟아지자, 연수
원 측에서도 문제의 심각성을 제대로 인지한 것 같았다.
초등젠더연구회 아웃박스[4]에서도 연수원 진행상황을 빠르
게 파악하여 연수담당자와 직접 소통한 내용을 전달해주
었다. 전교조 여성위원회 서울지부에서는 즉시 경기교육
연수원장과의 면담 요청 및 시정 요구사항을 포함한 공문
을 작성하고 면담일시를 정했다. 이 모든 것이 주말 이틀
동안 일어난 일이었다.

　상당한 스트레스를 받은 것은 마찬가지였지만 이번 일
은 예전과는 다르게 다가왔다. 우리 사회의 성평등을 가
로막는 수많은 걸림돌과 장벽 속에서 많은 교사들이 어떤
길을 만들었다는 확신이 들었다. 연대는 우왕좌왕하거나
시간이 오래 걸리지도 않았다. 각자 노련한 업무 담당자
처럼 자기 할 일을 하면서 빠르게 연결되어 연대를 형성
했다. 이를 바탕으로 연수원의 시정 조치가 반드시 뒤따
르게 해야겠지만[5], 설령 결과가 그에 못 미친다고 하더라
도 이미 이것만으로도 작은 승리라고 생각한다. 어떤 길

4　학생들의 젠더 감수성을 길러주기 위한 수업을 연구하는 교사 모임.

5　현재 경기도교육연수원과 해당연수를 직접 주관한 한국교원연수원
　을 상대로 명예훼손 손해배상 소송 중이다

이 난 것이다. 분명히 없던 길이었는데.

　최근 텔레그램 N번방 사건과 성 착취물 사이트 운영자가 석방되는 것을 마주하며, 내가 그간 페미니스트 교사로서 학생들에게 했던 많은 이야기들, 그리고 학교 밖에서 이런 교육을 했다고, 또는 해야 한다고 소리를 높였던 시간들이 다 뭔가 싶은 생각이 들만큼 허탈함이 밀려왔었다. 개인적으로도 지난 3년간 이름 모를 사람들에게 시달리는 한편, 가까운 사람들에게 실망할 수밖에 없는 일들을 겪으면서, 나는 내 안의 열이 식어가는 걸 느꼈다. 마음 한켠이 서늘한 냉소로 잠식되는 것을 속수무책으로 구경만 했다. 내가 원했던 것은 이런 냉소가 아닌데 예전의 내 모습을 찾을 길이 없어 무력감에 짓눌리기도 했다.
　그럼에도 불구하고 이번 연대의 길을 보며 나는 다행히도 희망을 선택할 수 있을 것 같은 안도감을 느꼈다. 냉소 대신 어떤 작은 시도라도 꾸준히 해나가길 선택하는 것은 사회를 바꾸기 위해, 학교를 바꾸기 위해서 하는 것이 아니라, 그저 가만히 있을 수 없어서 하는 것이다. 나는 학교가 재생산하는 성 이데올로기의 충실한 전달자가 되고 싶지 않았다. 아무리 저항해도 어느 틈엔가 전수자의 역할을 완전히 피할 수 없는 현실에 그저 굴복할 수 없어 방법을 모색하는 것이다.

페미니스트 교사가 된다고 해서 교실이 드라마틱하게 변하지는 않는다. 내가 할 수 있는 실천은 한정적이고, 학생들이 모두 평등을 옹호하고 차별에 맞서는 사람으로 변모할 수도 없다. 페미니즘의 내용을 배우는 것보다 중요한 것은, 페미니즘의 가치가 교실의 문화를 통해 스며드는 것인데, 그건 단시간에 가르칠 수 없기 때문이다. 가정과 미디어를 비롯해 성별 이분법을 강요하고 소수자를 배제하는 사회의 한가운데에 있는 교실 속에서 혼자 아등바등하는 것이 신물이 날 때도 많았다. 하지만 돌아보면 페미니즘이라는 화두를 교직에서 끌어안고 끙끙대던 몇 년 사이에 가장 많이 변하고 성장한 건 바로 나였다. 어쩌면 그 작은 변화가 내 페미니즘 교육 운동의 전부인지도 모른다.

주류에 반하는 삶이란, 그게 거창한 신념에 의한 것이든 스스로를 지키기 위한 작은 마음이든 무어라고 해도 쉬운 일은 아닐 것이다. 다행히도 그 쉽지 않은 길을 걷기로 선택한 수많은 동료들이 곁에 있다. 그들과 함께 한 발 한 발 냉소를 털어내고 무엇이든 해보고 싶다. 앞으로도 여전히 답보 중인 학교와 사회의 인식 속에서 교실의 학생들 30명과 뭘 해보겠다고 고민하고 애쓰는 작은 시간들이 허탈해지는 날이 많을 것이다.

그럼에도 나는 무엇이든 해볼 수 있어서, 아직 내가 해볼 만한 일이 남아 있어서 기쁘다.

우리의 일상은 당신들의 포르노가 아니다

하예나

잘 팔리는 영상 그것이 포르노다.
그리고 여성은 언제나
'팔리는 대상'이었다.

하예나
2015년 소라넷 고발프로젝트로 시작하
여 DSO(디지털 성범죄 아웃)대표로 5년
동안 디지털 성폭력 근절 운동을 해왔다.
지금은 프리랜서 프로그래머 헤나시스
템의 대표로 여성들의 위한 미래를 꿈꾸
고 있다.

고등학생 시절, 야한 동영상을 두 글자로 줄여 만든 '야동'이라는 단어는 범죄나 폭력과 같은 느낌보다는 친근한 이미지에 가까웠다.

내가 초등학교 3학년이었던 2006년도 MBC에서 방영된 일일 시트콤 〈거침없이 하이킥〉에서 평소에 독재자에 권위적인 가장으로 등장하던 '이순재'는 컴퓨터 폴더를 뒤적거리다가 의도하지 않게 낯부끄러운 영상을 발견한다. 처음에는 혀를 내차던 그는 어느새 집중한 채 영상을 보다 밖에서 들려오는 인기척에 자신의 체면도 잊고 후다닥 책상 아래로 들어가 코드를 뽑는다. 그렇게 당황하여 허둥지둥하는 가장의 모습을 보여주는 '야동순재' 에피소드는 큰 화제가 되었고 〈거침없이 하이킥〉이라는 드라마는 그런 유쾌한 캐릭터에 힘입어 더욱 인기를 얻었다.

2006년이라 한다면 2003년부터 2006년까지 수많은 AV를 불법 복제하여 돈을 벌었던 kimcc(김C)가 구속된 해였다. 그는 토토 디스크라는 웹하드에서 만 개가 넘는 AV 영상을 무단 개시하였고, 몇 년의 수사 끝에 2006년 10월 음란물 유포죄로 구속이 되었다. 이 소식을 들은 인터넷 웹사이트의 이용자들은 더 이상 그의 자료를 볼 수 없음을 안타까워하며 그에게 '김본좌'라는 별칭을 지어주었다. 사람들은 김본좌의 법정 진술이라며 '본좌 복음'을 만들어내어 "너희들 중에 하드에 야동 한 편 없는 자 나에게 돌을 던지라"는 말을 퍼날랐다. 그렇게 그의 행위를 두둔하였고 '지켜주지 못해 미안하다'는 약칭 '지못미'라는 유행어까지 만들어냈다. 또한 그 이후로, 웹하드에서 음란물 유포죄로 끌려간 모든 이들에게도 정본좌, 양본좌, 박본좌 등의 별명을 지어준다.

아마 이러한 상황에서 야동 순재라는 캐릭터는 대중에게 공감과 재미를 주는 대상에 지나지 않았을 것이다. 성에 대해 보수적이고 엄숙한 나라라고 알려진 것 치고는 모든 사람들이 야동이라는 말을 쉽게 내뱉었다. 방송도, 매체도 말이다.

여기서 많은 사람들이 묻는다. 물론 국산 야동에는 몰래 찍거나 협박으로 유포하는 등 불법 촬영으로 만들어진 영상들이 대다수이지만 합법적으로 만들어지는 성인 영화인 일본 AV도 있지 않냐고. 그 사람들이 모두 범죄자라는 것이며, 그 말을 쉽게 내뱉은 게 잘못이냐고. 생각해보면 나도 어린 시절 그 말을 아무 생각 없이 사용했으니, 억울할 수도 있다. 그만큼이나 우리는 야동이라는 존재와 친근했으니까.

우리가 그렇게 친근했던 것만큼 야동 시장은 빠르게 성장했고 몸집을 불렸다. 국산 야동도 예외가 아니다. 한국에 시선으로 보았을 때 휘황찬란해 보이는 일본 AV 시장에 비해 두드러지게 보이지 않았을 뿐 무서운 성장세를 보였다. 2015년 한 페이스북 홈페이지에서 70명의 대학생을 대상으로 낸 장난스러운 통계 또한 국산이 당당한 취향으로 이야기될 수 있음을 보여주었다. 2015년 어느새 인터넷에는 자신의 취향이 국산 야동이라 말하는 사람들이, 자신의 여자 친구가 나왔는데 이를 어떻게 해야 하냐는 사람들을 심심치 않게 볼 수 있었다.

하지만 그런 이야기들은 문제제기 되지 않은 채 일상처럼 지나갔다. 이러한 상황에 첫 문제제기를 한 것은 다름 아닌 지금도 회자되고 있는 메르스 갤러리의 여성들이었다. 첫 사건은 이러했다.

2015년 거대한 규모의 테마파트 수영장, 그 수영장 내부의 탈의실 영상이 인터넷에 유출이 되었고, 소라넷 등 이름을 날리는 불법 사이트들, 그때 당시 '음란물' 사이트라고 불렸던 그 사이트들은 너도 나도 앞다투어 워터파크 유출 영상을 업로드하였다. 메르스 갤러리의 사람들은 그 영상을 경찰에 고소하였고, 인터넷에서 많은 사람들의 입에 오르내리자 뒤늦게 경찰의 조사가 들어가 관련자가 색출이 되었다. 사실 관련자가 처벌된 것만으로 도 일반인들이 보기에는 제법 만족스러운 결과일지도 모른다. 하지만 메르스 갤러리의 여성들은 그것으로 끝난다고 생각하지 않았다. 그들은 그러한 영상들이 만들어지는 근원을 찾아야 한다고 생각했던 것이다.

그렇게 첫 번째 표적을 삼은 것이 20년의 역사를 자랑하는 음란물 사이트 소라넷이었다. 사람들은 소라넷을 표적 삼은 여자들을 성 엄숙주의자, 분별을 모르는 여성들, 또는 음란 사이트를 좋아하는 음탕한 여성들, 본인들이 아름답지 않으니 섹스 파트너가 구해지지 않아 성질을 내는 것이 분명하다 등 온갖 이유를 대며 손가락질했다.

하지만 소라넷을 직접 들여다본 사람이라면 그 말이 얼마나 우스운 말인지 금방 알 것이다. 그 사이트를 가득 매우고 있던 '00녀유출영상'이라는 제목 아래 달려있던 조롱 섞인 댓글 "이분 자살하셨답니다, 글 내려주세요.", 술 취해 쓰러진 여성을 경매하듯 팔아넘기는 초대남 모집 글은 소라넷의 베스트 게시글이었다.

그들은 자신들의 행동이 명백한 범죄와 폭력임을 알고 있었다. 그들은 범죄와 폭력을 유희와 돈벌이로 삼으며 여성들을 우롱했다. 언제서부터인가 자연스럽게 불리게 된 '국산 야동'이라는 카테고리 안에는 어디서 어떻게 흘러나왔는지 모를 각 동네들의 화장실, 다정한 연인 사이로 보이는 남과 여, 성폭력을 당하는 현장, 즉 누군가의 사생활 또는 범죄 현장으로 보이는 그 영상들이 몇 백 원 되지 않는 푼돈에 음란물이라는 딱지가 붙어 그곳에 팔려 나와 있었다.

그 영상이 어떻게 찍혔는지 어떤 과정으로 찍혔는지 실체는 누구도 모른다. 하지만 명확한 것이 있었다. 그렇게 인터넷에 쏟아져 나와 있는 수만 개의 영상들은 소라넷과 같은 불법 홈페이지의 운영자 또는 웹하드 운영자 등에게 거액의 수익을 안겨 주었다는 것. 그리고 영상에서 초점을 맞추고 있는 것은, 또한 팔려 나가는 것은 여성의 신체 그 자체라는 것. 2015년 그 당시 한국 사회에서 여성에게 '그런' 영상이란, 명예의 실추이자 사회와의 단절을 이야기한다는 것을 말이다. 소라넷의 유저들은 그것을 잘 알고 있었고, 그것을 이용하여 여성들을 고의적으로 괴롭히기도 했다

이 문제에 대하여, 2015년 10월 28일 나는 어린 마음에 '소라넷 고발 프로젝트'라는 팀을 만들었다. 같은 마음을 가진 사람들과 함께 소라넷을 모니터링 하여 수많은 범죄 자료를 통계로 만들어 인터넷에 올렸고 경찰서를 찾았다. 하지만 경찰의 반응은 냉랭했다. 어쩌면 피곤한 내색일지

도 모른다.

"이게 가해자를 잡아봤자 피해자를 찾을 수가 없어서요."

"애네들 그냥 장난치는 거예요."

"이중에 피해자가 있습니까? 피해자가 없으면 잡을 수가 없어서…"

그들은, 우리들이 들고 간 사건을 성폭력 사건이 아닌 음란물 사건이라고 칭했다. 이것은 경찰뿐만이 아니라, 사건을 보도하는 기자들 또한 마찬가지였다.

음란물. 음탕하고 난잡한 내용을 담은 책이나 그림, 사진, 영화, 비디오테이프 따위를 통틀어 이르는 말. 우리에게는 폭력과 범죄의 증거였던 그것들이 그것을 즐기던 자들에게는 고작 음란물일 뿐이었을까. 수많은 영상들, 이 영상 속에 여성들이 어떻게 살고 있는지 그들이 궁금해 한 적이 있을까? 누구 한 명 그 여성들을 우리와 같은 '인간'이라고 바라본 적이 있을까?

그들에게는 피해 여성들의 삶도, 인생도 그들의 짧은 유희만큼 중요하지 않았다. 그리고 나 역시 언제 어느 순간 그렇게 될 수도 있다는 것을 깨닫게 된 순간, 그 순간만큼 소름이 끼치는 순간은 또 없을 것이다.

하지만 어쩌면 그 사실을 우리가 알게 된 그 순간, 100만 명의 소라넷 회원들이, 아니 사회가 지켜오던 침묵이 드디어 무너지기 시작한 것이다.

소라넷 사건은 끝이 아니라 시작일 뿐

2015년 12월 〈그것이 알고 싶다〉에 소라넷 문제가 방영된 이후 이 사건은 커다란 사회적 이슈가 되었고, 이러한 폭력 문제를 공론화하자는 목적을 이루었다고 생각한 프로젝트팀은 해산되었다. 하지만 2016년 3월 나는 다시 팀원 공고의 대한 글을 올렸고 활동을 시작하게 되었다.

팀 활동을 다시 시작한 것은 여러 가지 이유가 있었지만 그중 큰 이유는 사람들의 반응이었다. 사회적인 문제에 반응이 빠른 편인 트위터에서 '소라넷'이라는 단어를 검색했을 때 소라넷의 실체가 드러나고 사람들은 인터넷상에서 일어나는 성폭력 문제에 조금씩 관심을 가지기 시작하였으나, 그곳에서도 이제 수사가 시작되었으니 끝난 일이라고 생각하는 사람들이 많았다. 하지만 나는 소라넷 사건은 모든 일의 시작이 될 것이라고 생각했다. 사람들은 누군가가 이 문제에 나서 적극적인 변화를 가져올 것이라고, 그렇게 할 그 누군가를 기다리고 있었다.

2016년 6월 소라넷은 결국 폐쇄 조치가 되었다. 이 폐쇄 조치를 달갑지 않아 하는 사람들은 억제하면 더 커질 뿐이다. 소라넷을 없앤 것은 쓰레기통을 터뜨린 것이고 더 음지화될 뿐이라며 비판했다. 소라넷 하나가 수많은 소라넷으로 갈라질 뿐 사라지지 않을 것이라고. 나는 그 말을 듣고 코웃음을 쳤다. 처음 소라넷을 조사할 때 다른 사이트를 돌아보지 않았을까. 소라넷은 20년 동안 '불법 사이트' 중 가장 유명하고 큰 사이트였으며 커다란 수익을 낸 만큼 그곳을 모방한 수백 곳의 사이트가 그 운동을 시작하기 전에도 이미 수두룩하게 존재했다. 아니, 모든 불법 사이트가 소라넷과 똑같은 운영 방식을 가지고 있다고 해도 허언이 아니었다. 어쩌면 사람들은 끔찍한 일은 이제 끝이라고 생각하고 싶었을지도 모른다. 하지만 알리고 싶었다. 이게 끝이 아닌 시작이라고. 그래서 2016년 '리벤지 포르노 아웃Revenge porn out RPO' 이라는 팀으로 다시 활동을 시작했다. 목적은 수많은 사이트들이 결국 소라넷과 비슷하다는 것을 알리는 것이었다.

하지만 팀 활동을 하며 가해자들이 피해자들을 가해하는 행위에 카테고리를 나눠 분류하고, 통계 작업을 하는 과정에서 또한 공론화를 하는 과정에서 여러 문제점이 제기되었다.

리벤지 포르노, 지금은 피해 여성을 대상화하는 단어로

문제제기가 되어 사용을 지양하는 단어이지만, 당시 해외에서 이미지로 여성을 가해하는 행위를 리벤지 포르노라고 통칭해 사용하고 있었다. 이후 '리벤지 포르노 방지법안'이 제정되며 해당 단어가 널리 사용되기 시작했다.

하지만 그 단어를 직역했을 때 '헤어진 연인에게 복수하기 위해 유포한 과거 성행위 사진·영상'이라는 의미가 너무 강해, 한국에서 불법 유통되는 모든 동영상을 함의하기에는 부족했다. 가해 영상 중에는 모텔에서 도촬을 하여 남성 여성 모두 피해자인 경우도 있었으며, 연인 관계가 아닌 경우도, 스스로 찍은 경우도 있었던 것이다. 그 단어에 사로잡히면 이러한 영상을 통한 범죄를 상당히 좁은 영역으로 제한하게 되었다.

또 바로 전에 언급되었다시피 포르노라는 단어는 한국어로 음란물로 직역되며, 이는 사생활의 침해를 당한 피해자를 한 순간에 음란물로 만들어버린다. 그 순간 그저 남들과 똑같이 성 생활을, 목욕을, 볼일을 보며 일상을 살아가고 있던 사람이 남들에게 보여졌다는 이유로 음란물로 낙인찍힌다는 것은 사회에서 여성의 신체가 어떻게 읽히고 있는지 뚜렷하게 보여주는 예일지도 모른다. 그런 의미에서 리벤지 포르노라는 말은 가해자의 시각과 사고에서 착안된, 피해자를 음란물로 정의함으로써 '자신을 자극시켰다'고 변호하는 2차 가해일 것이다. 그리고 그것을 듣는 여성들은 자신의 연인들과 섹스하는 장면뿐만 아니라 샤워 사진이나 일상적인 셀카까지 일상의 모습이 가해자들에게 음란물로서 유포될 것이라는 생각까지 이어지기는 쉽지 않다.

또한 리벤지 포르노라는 단어에서는 하나의 범죄 사건을 연상하게 되며, 영상을 촬영하고 유포하는 가해자와 복수를 당하는 피해자 두 명만이 등장한다. 그렇기에 이를 시청하는 사람은 그저 구경꾼으로만 존재할 뿐이다. 하지만 영상을 올렸을 때, 아무도 유포하지 않고 구경하지 않았다면 그것은 가해로 존재할 수 없었을 것이다. 수많은 방관자들과 참여자들이 존재했기에 피해자는 더 큰 피해를, 가해자는 이득을 누릴 수 있다. 이 구조 자체가 커다란 문제였다.

그래서 우리는 피해자를 규정하고 있는 프레임에서 벗어나 가해자를 프레이밍해야 한다는 점에 착안했다. 회의와 논의를 통해 2016년 말 이러한 범죄를 가해자의 행위인 '유포' '제작' '참여' '시청'으로 나누어 '디지털 성폭력'이라는 명칭으로 재정의하였다.

'일간 베스트', '오늘의 유머' 사이트 등 수많은 곳에서 어렵지 않게 볼 수 있었던 길거리 여자들을 찍은 사진들,

술에 취해 쓰러진 여성의 사진, 지하철에서 무례한 행동을 하였다고 사진이 찍혀 올라가 신상이 공개되고 사회적인 뭇매를 맞게 된 여성들도 이러한 피해자일 따름이다. 그 어떤 누가 그를 공개적으로 비난할 수 있단 말인가. 지하철에서 소리를 지르는 수많은 취객들 중 왜 우리는 여성만을 비난했는지 우리 스스로도 몰랐을 뿐이다.

이러한 주장에 반발을 느끼는 사람들이 많았고 그들에게 이 부당함을 입증할 길이 없었다. 하지만 2017년 임산부 좌석에 앉은 남성을 찍어 올린 사건이 초상권 침해로 규정되어 빠르게 수사되었다. 여성의 경우와는 전혀 다른 양상으로 수사가 진전이 되는 것을 보며 우리는 우리가 가는 길이 옳다는 확신을 가질 수 있었다.

'우리의 일상은 포르노가 아니다.'

포르네 그래피. '포르네'는 노예, 그중 여성 노예의 최하층인 성노예를 뜻하며 '그래피'는 그림을 뜻한다. 꼭 성관계 영상만을 포르노라고 부르는 것이 아니다. 잘 팔리는 영상 그것이 포르노다. 그리고 여성은 언제나 '팔리는 대상'이었다.

사실 소라넷 안에서 일어나던 범죄들과 디지털 성폭력
들은 2000년대에 반짝 등장한 것이 아니다. 1990년대부
터 모텔에서 젊은 연인과 부부들의 성관계 영상을 촬영하
여 판매하던 조직이 존재하였다. 그 시대에도 역시 영상
촬영 대상자의 의사가 없이, 오로지 가해자의 의사 아래
비싼 값에 팔려나간 성관계 비디오는 크게 언론에 사회문
제로서 회자되었으나, 피해자의 사생활을 헐뜯기 바빴을
뿐 그 피해에 집중한 이는 없었다. 그는 결국 그렇게 음
란물 제작죄로 처벌되었고, 이러한 분위기 속에서 언론은
사회로 퍼져나간 젊은 남녀의 유출 영상에 대하여 시시덕
거리며 떠들 뿐이었다.

그 대표적인 예가 1999년 〈신동아일보〉의 '세기말 한국
의 포르노 문화'라는 기사일 것이다. 그 기사는 국내에서
유행하기 시작한 '국산 야동' 실황에 대하여 낱낱이 밝혔
다. 추억이라는 이름으로 여성에게 영상을 찍자고 졸라
이를 세운상가에 비싼 값으로 팔아넘겨 돈을 챙겨 보려는
청년, 대담하게 성관계를 하는 여성, 그리고 그렇게 만들
어진 '불법 영상'을 IMF를 돌파시킬 새로운 경제 자원으
로 평가하는 그 기사를 읽다보면 그저 정신이 멍해질 따

름이다.

어느새 모텔 방방 곳곳에는 불법 촬영으로부터 안전하다는 '몰카 프리존'이라는 스티커가 붙었다. 하지만 그 몰카 프리존은 반짝 등장한 것이 아니라 1997년부터 존재했다. 소라넷이라는 사이트도, 지워도 지워도 끊임없이 올라오는 피해 영상도 어느날 반짝 생겨난 것이 아니었다. 우리가 의식 속에서 지워버리고 있던 그 순간에도 계속해서 몸집을 불려오고 있었다.

1999년도에서 2000년대 초반에도 디지털 성폭력은 존재했다. 하지만 사법부에서는 형법 243조 '음화반포죄'를 적용하여 점잖은 사회 사람들에게 음란물을 보여준 죄, 즉 사회와 도덕을 어지럽힌 죄로 처벌했을 뿐, 피해자에 대한 보상은 없었다. 아동청소년법 제정 이후 '아동 청소년 영상의 제작' 법률에 의거해 처벌받는 사례는 있었으나, 이 또한 피해자에 대한 보상이 이루어지지는 않았다.

2015년 워터파크 수영장에 설치되어 일반 여성에 대한 디지털 성폭력 문제가 크게 공론화되고, 각종 청원 활동과 서명 활동 등이 생겨나고 나서야 정부는 디지털 성폭력에 대한 대책을 하나씩 꺼내놓기 시작했다. 2016년 진선미 의원실에서 '리벤지 포르노 방지법'이 발의되고 이후에도 조금씩 본격적인 법제화와 정책적 논의가 시작되었다. 2017년 5월 19대 대통령으로 당선된 문재인 대통령은 '몰카 등 디지털 성폭력의 대한 처벌 강화와 근절'을 공약으로 들고 나섰다. 2017년 문재인 대통령이 대선에서 당선된 이후 계속해서 지원 시스템과 법률의 변화가 있으나 아직 갈길이 멀다.

물론 디지털 문명이 발생한 이래 1990년대와 2000년대를 통틀어 지금의 상황을 바라보았을 때, 2015년도부터 2019년도까지는 큰 변화임이 분명하다. 2019년도에 이르러 디지털 성폭력을 가해라고 인지하며, 이에 대한 피해 지원 시스템이 그나마 '생기기'라도 했다는 면에서 그러하다. 디지털 문명이 이러한 문제를 가져올지 누가 알았겠는가. 모두들 그것이 주는 편리함에 취해 있었을 뿐이다.

그럼에도 내가 계속된 답답함과 억울함을 느끼는 이유는, 디지털 성폭력 문제와 같지만 다른 맥락 속에 존재하는 디지털 정보의 복제 문제인 '저작물'의 불법 복제 문제에 있어서는 정부와 민간이 기민한 움직임을 보였기 때문이다. 저작권 또한 디지털 성폭력과 비슷한 가해 양상을 보인다. 익명에 사람들에게 순식간에 복사되고 배포되고 배포한 이와 받은 이를 일일이 알아낼 수 없다.

2000년대 초를 주름잡았던 '프루나'와 '당나귀'라는 P2P사이트가 폐쇄되었던 이유는 저작권 문제로 인해 P2P

중개 서버가 단속을 받게 되었고, 큰 금전적인 타격을 입었기 때문이다. 물론 전격적인 수사가 일어난 당시, 저작권 침해죄가 아닌 디지털 성폭력 유포로 인한 처벌을 받은 이도 있었을 것이다. 하지만 그 경우 거액의 배상을 해야 하는 저작물 공유 죄가 아닌 면박을 받고 끝날 뿐인 음란물 공유죄로 끝났을 뿐이다. 이후 저작권의 철퇴를 맞은 P2P사이트들은 주력 상품을 저작권이 존재하지 않는 영상. 주로 디지털 성폭력으로 이루어진 음란물이라 불리는 그것들을 주력 상품으로 내걸었다.

지금도 문화체육관광부에서는 매년 100억이 넘는 돈을 저작권 관리의 대한 예산으로 책정한다. 하지만 디지털 성폭력 관리의 대한 예산은 몇 억이 되지 않는다. 1990년도부터 발생하기 시작했던 디지털 성폭력 문제가 25년 가까이 방치되고 있었음을 이제야 깨닫고 관심을 가지게 되었다는 것이 우리가 사회 속에서 여성을 대상으로 가해지는 범죄를 얼마나 무관심하게 방치하는지를 적나라하게 드러내는 표식이 아닐까.

25년 동안 우리는, 그리고 그들은 얼마나 많은 여성들을 묻어왔는가.

'카르텔'은 동종업계의 사람들이 경쟁을 피하여 이익을 확보하기 위해 협정을 맺는 독점형태를 이르는 말이다. 한국에서는 주로 하나의 악의적 파벌을 칭할 때 카르텔이라는 단어를 사용한다. 디지털 성폭력으로 이익을 얻고 이를 침묵한 P2P · 웹하드 사이트들을 통칭하여 웹하드 카르텔이라고 부르는 것처럼 말이다. 그들은 다름 아닌 여성을 판매해 큰 이득을 남겼다.

나는 1990년도부터 지금에 이르기까지 디지털 성폭력 가해자를 카르텔로, 즉 가해 집단으로 묶을 때 어느 정도 규모의 사람들이 이득을 보았는지, 어디까지 가해 집단으로 묶어야 할지 또한 그들이 공동체로 존재함으로써 얻게 된 이득이 무엇일지 고민해왔다. 디지털 성폭력 문제를 바라볼 때면 중세, 근현대에 이어 이루어진 마녀사냥을 떠올린다. 여러 재난과 고통 속에서 수많은 여성들을 산 채로 불살라 없앴던 참혹한 행위. 대개의 사람들은 그 마녀사냥을 그저 잔혹한 야만행위라고 기억하지만, 마녀사냥을 하는 사람들에게 짭잘한 돈벌이였다. 당시 마녀 혐의를 가리는 재판은 '마녀 용의자'가 지불하게 되어 있었으며 뿐만 아니라 고문을 위한 고문 도구, 고문 기술자를 위한 비용, 사형을 집행되는 데 쓰이는 모든 돈을 지불해야 했으며, 사형이 되면 그 재산은 몰수되었다. 주로 대상이 되는 것은 무신론적인 사상을 가진 여성들이었다.

실비아 페데리치의 책『캘리번과 마녀』에서는 이러한 마녀사냥이 자본주의와 가부장제를 공고히 하기 위해 이루어졌다고 말한다. 당시 사회는 여성들이 출산을 통제하는 데 써왔던 모든 방법(피임)을 악마적 방법이라고 몰아붙였고, 여성의 신체에 대한 통제를 제도화했다. 그리고 여성의 신체를 사적 영역의 대한 노동으로 밀어 넣은 뒤 여성의 노동을 무급화시켰다. 결국 이는 남성의 사회적 경제적 지위를 상승시켰으며 그들이 정보를 통제할 수 있는 주도권을 쥐게 하였다.

디지털 성폭력 또한 크게 다르지 않다. 디지털 성폭력이 원래 '리벤지 포르노'라고 불려왔던 이유는 과거 피해자의 사생활이 찍힌 영상과 함께 그가 이렇게 사생활이 공개되어도 되는 '이유'까지 함께 올라왔기 때문이다. 대개 바람을 피웠다는 이유나 '음란하고 방탕하다', '돈을 받고 몸을 팔았다'는 것이 그 이유였다. 사람들은 영상 속 피해자에게 당연히 문제가 있다고 생각했다. 이를 '상업 영상'처럼 즐겼던 시청자이자 또 다른 가해자들은 그 소문을 적극적으로 퍼뜨리는 데에 협조적이었다. 이렇게 피해자들을 사회의 안전망 밖으로 쫓아냈다.

이 와중에 어떤 이는 삭제를 해주겠다며 피해자에게 비용을 요구하며 거액의 돈을 수중에 넣었다. 아무것도 잡히지 않는 허공에서 손을 맴돌던 피해자는 하늘에서 내려온 도움의 손길이, 썩은 동아줄이라도 단단히 붙잡을 것이다. 불합리하고 기괴한 형태임이 분명함에도. 피해자는 디지털 성폭력으로 인해 국가 기관의 보호와 사회의 안전망에서 내쳐지고 피해 복구의 대한 비용과 책임을 모두 떠안고 만다.

이는 화장실에서 볼일을 보다가 영상이 찍힌 이들도, 자신의 셀프 카메라를 올렸다 성매매 사이트에 성매매 여성으로 전시된 이들도 마찬가지다. 그들이 사회의 안전망 속에 있었다면, 제대로 된 목소리를 낼 수 있는 환경이었다면, 이러한 문제들은 저작권과 함께 크게 가시화 되었을 것이다. 하지만 인터넷에 자신의 신상과 영상이 올라온 디지털 성폭력의 피해자들은 사람들의 질책과 비난 속에서 모든 사건을 자신이 책임져야 한다.

그 무력해 보이는 환경 속에서 이를 지켜보는 다른 예비 피해자들은 스스로를 보호하기 위해 끊임없이 그들과 자신을 분리할 뿐이다. 하지만 그 무력했던 그들은 결국 우리 자신이기에, 그들의 무력함을 욕할 수는 없다. 인터

넷 상의 수많은 피해 영상들이 주인 없는 음란물로 남겨
졌던 까닭이다.

하지만 변화는 시작되었다. 우리는 이제 그 피해의 아
픔을 음란물, 즉 '외면해야 할 부끄러운 것'이 아닌 가해
라고, 아픔이라고 말하고 있다. 수십 년간 곪아 터진 상
처는 아프고 역겹지만 우리는 마주해야 한다. 상처의 악
취를 맡을 수 있게 된 당신은 어쩌면 첫 번째 발걸음을
뗀 것이다. 우리는 이 아픔을 계속 마주하고 호소해야만
한다.

우리는 모두 살아남았다

성폭력 피해자를 칭하는 또 다른 말인 생존자라는 말은
거창하게 들릴 수도 있다. '피해자'로 규정되는 연쇄고리
를 끊고 피해 후 우리는 살아남았다는 의미를 가지고 있
는 '생존자'라는 그 말은 우리에게 여러 가지 생각을 하
게 만든다.

지진, 전쟁, 홍수 등 어떠한 지역에 커다란 재난이 있
을 때 그 지역에서 살아남은 사람들을 생존자라고 부른
다. 그들은 옆에서, 바로 주변에서 끔찍한 재앙을 마주쳤

고, 큰 재산적 피해를 입었고 친구를 동지를 잃었다.

　우리가 성폭력 피해자를 생존자라고 규정한다면, 디지털 성폭력이라는 재앙 속에서 생존한 이들은 영상이 유포되고 살아남은 이들뿐만이 아니다. 우리는 지금껏 수많은 여성을 잃어왔고, 그들은 우리의 친구였으며, 우상이었으며, 우리와 같은 사람이었다. 우리는 그들처럼 되지 않기 위해, '문란한 여자'가 되지 않기 위해 애썼으며, 몰래 카메라를 피하기 위해 화장실을 꺼려야 했다. '몰래 카메라 탐지기'를 사서 자신을 보호해야 했으며, 공중목욕탕에서 누군가 핸드폰을 꺼낼 때마다 불쾌함을 느껴야 했고, 남자친구가 모텔에서 핸드폰을 꺼냈을 때 그를 믿어도 되는지 공포를 느끼는 여성들. 이별의 후에도 불안함을 느끼고 도움을 청하는 여성들을 볼 때마다 우리는 이런 재앙 속에서 결국 우리 모두가 살아남았다는 것을 인지한다.

　2015년 첫 디지털 성폭력 운동인 소라넷 폐지 운동을 했을 때, 사람들은 어째서 소라넷에 고여 있는 똥물을 퍼올려 다른 사람들에게 보여줘서 불쾌하게 만드냐고 했다. 이는 한두 명이 아닌 제법 많은 사람들이었다. 역겹고 불쾌하다고, 마치 타인의 일을 바라보듯 말하는 그들의 말에 나는 큰 상처를 받았다. 어떻게 같은 여성임에도 불구하고 저런 반응을 보일 수 있는가 분노하기도 했다. 하지

만 지금껏 나 또한 얼마나 많은 문제를 무시하고 외면해
왔을까?

우리는 언제 어느 순간 디지털 성폭력의 희생자가 될지
모르기에, 모르기를 원하는 공동체에 속해서 이 범죄에
대해 외면하고 피하며 살아가고 있었다. 우리들은 공포에
질려 있다. 언젠가 닥칠 수도 있는 공포를 알고 싶어하지
않는다. 디지털 성폭력은 인간의 공동체 아래, 인간이 다
른 인간에게 휘두르는 폭력이다. 공동체라는 것이 존재하
기에 디지털 성폭력이 존재하며, 이를 묵인 시킨 것 또한
공동체이다. '폭력을 경험했다'는 문장은 항상 내가 '피
해자'였음을 이야기하지 않는다. 우리는 어느 순간 가해
자였을 수도 있으며, 방관자였을 수도 피해자였을 수도
있다.

이러한 개념은 그 사람의 본성도 아니고, 그 사람을 정
의하는 말이 아니다. 어떤 시각에서 바라보는지, 어떤 순
간에서 바라보는지에 따라 변화한다. 한 순간 화를 냈다
고 해서 나는 '화를 내는 사람'이 아니듯이 내가 어느 땐
가 우울했다고 해서 지금도 '우울한 사람'인 것은 아니
다. 이처럼 나는 언젠가는 '가해자'였고 '피해자'였고 '방
관자'였다. 항상 그 세 가지 개념 속에서 존재했다.

하지만 나는 디지털 성폭력 운동을 하며 쳇바퀴 돌 듯 존재하는 이 세 가지 개념에 대하여 문득 의문을 갖게 됐다. 그렇다면 이러한 폭력에 저항하는 우리는 무엇이란 말인가. 또한 '당신은 가해자'라고 하는 말에 크게 충격받는 사람들도 마찬가지다. 이것은 당신이 '가해만 하는 사람'이라고 낙인찍은 것이 아니다. 단지 생존한 이들에게 피해가 발생했던 그 순간 당신은 가해자였고 그것을 인지하지 못한다면 앞으로도 또 자신도 모르게 가해를 하게 될 수 있다는 것이다.

지금 당신은 가해자가 아니며 앞으로 또다시 일어날 폭력의 순간에 그들 역시 충분히 다른 입장이 될 수도 있다. 하지만 사실 세 가지 모두 선택하고 싶지 않은 선택지다. 사람들은 모두 피해자가 되지 않기 위해 애쓴다. 그렇다면 우리는 무엇이 되어야 할까? 선택지는 가해자와 방관자다. 그렇다면 누군가는 피해자일 텐데?

이제 우리들이 던져야 할 질문은, 우리들은 언제나 왜 세 가지 개념 속에만 갇혀 있을까 하는 것이다. 나는 적극적으로 연쇄 고리를 끊기 위해서 또 다른 개념을 집어넣어야 한다고 생각한다. 우리는 이제 '저항자'가 되었으면 한다. 학교에서 '저항'을 가르쳐 주었으면 한다. 사실 세상 속에 섞인 저항자들은 이미 너무나도 많지만 그들을 칭할 명칭은 없는 것이 아쉬웠다. 방관자의 예시, 피해자의 예시, 가해자의 예시는 있지만 저항자의 예시는 없다.

디지털 성범죄도 마찬가지다. 당신이 지금은 과거 가해자였다고 하더라도 앞으로 가해자일 것이라는 보장은 없다. 어쩌면 나도 과거의 가해자이자 방관자였다. 하지만 그것은 계속해서 바뀌는 것일 뿐이다. 내가 과거의 가해자라는 것을 부정하지는 않는다. 그렇기에 우리는 변화하고 저항하기 위해 노력한다.

바뀌어야 하는 것은 가해자이지 피해자가 아니다. 디지털 성폭력과 같이 공동체 내의 가해는 가해자가 없다면 피해자 역시 존재하지 않는다. 방관자가 없다면 피해자는 유지되지 않는다. 저항자가 있다면 피해가 계속되기 어렵다. 그러므로 우리는 이 폭력 속에서 다른 무엇이 아닌 저항자가 되어야 한다.

폭력을 직면하는 것은 매우 아픈 일이다. 하지만 나는 그 상처에 직면했을 때 비로소 치료가 가능해진다고 믿는다. 고름을 짜내고 약을 바르고 함께 이겨나가자고. 상처를 마주한 당신은, 무언가 행동으로 옮기는 당신은, 우리의 동료이자 친구가 될 것이다.